가출예찬

가출 예찬

家出のすすめ

데라야마 슈지 / 손정임 옮김

문학세계사

일러두기
- 이 책은 데라야마 슈지의 산문 『家出のすすめ』(東京: かどかわ, 1972)를 번역한 것이다.
- 원문에서 방점으로 강조된 글자는 고딕체로 표시했다.
- 주는 모두 옮긴이의 주이다.

서문
―『가출 예찬』을 추천하며

데라야마 헨리쿠 寺山偏陸

『가출 예찬』은 부모로부터 독립하려는 청년, 가출을 갈망하는 사람에게 안성맞춤인 책이다.

데라야마 슈지는 1963년에 『현대 청춘론』이라는 제목으로 『가출 예찬』을 완성해 4월 8일에 산이치쇼보三一書房에서 발행했다. 당시 데라야마는 스물일곱 살 청년이었다. 효고현 아와지시마에서 살던 나는 고등학교 1학년이던 1965년에 이 책을 읽고, 언젠가 가출하리라 속으로 다짐했다. 그리고 1967년 2월 18일 하가쇼텐芳賀書店에서 발행한 『책을 버리고 거리로 나가자』를 읽고 가출을 결심했다. 데라야마 슈지의 『가출 예찬』과 『책을 버리고 거리로 나가자』는 내 인생을 크게 변화시킨 책이다.

1967년 창립된 연극실험실 '덴조사지키'가 학습잡지 『고3코스』와 잡지 『이야기 특집』에 소개된 것을 보고, 당시 고등학교 연극부 부상을 맡고 있던 나는 이 극단에 들어가기로 마음먹었다. 1967년 5월에는 '덴조사지키'를 견학하기 위해 담임 선생님의 허락을 받고 1주일간 도쿄로 여행을 갔다. 당시 결혼해서 도쿄 근교의 마치다시에 살던 누나 집에서 묵었다. 익숙하지 않은 전철을 바꿔 타고 매일 세타가야 구 시모우마 2-5-7에 있는 '덴조사지키'에 다니게 되었다. 마침 재공연을 하던 〈아오모리현의 곱사등이 사내〉 무대 뒤에서 일을 돕게 되었다. 무대를 압도하는 미와 아키히로美輪明宏의 연기에 놀라고, 소녀 창가 가수의 가타리(대사 부분)에 압도당하고, 미소년 하기와라 사쿠미萩原朔美의 아름다움에 홀려, 넋을 잃고 공연을 보았다. 데라야마 슈지의 재능은 글이나 말에 그치지 않고, 미술과 음악까지 통합하는 '종합예술의 천재다!'라고 확신한 순간이었다.

'상상력은 세계를 변화시킨다!'라는 생각이 들었다.
데라야마 슈지는 청년들의 마음을 정확히 자극하여 행동으로 옮기게 하는 재주가 있었다.
내 가슴은 들끓었고 마침내 1967년 9월 가출하기로 했다. 야간열차를 타고 고베에서 도쿄로 갔다. 당시에는 열 시간 가까이 걸렸다. 다시 도요코선으로 유텐지역까지 가서, 시모우마 2-5-7에 있는 연극실험실 '덴조사지키'의 문을 두드렸다. 데라야마 슈지는 "헨리쿠는 여기서 지내라"라고 말해주었고, 나는 맨션 일층의 복층 방에, 연출가인 히가시 유타카東由多加와 마에다 리쓰코前田律子 사이에 끼어 잠을 청했다. 당시 최첨단 건축기술인 노출 콘크리트 맨션이었는데 일층이 거실과 식당, 일층 복층이 방, 이층이 연습실이었고, 삼층에 구조 교쿄九條今日子(배우이자 프로듀서로 당시 데라야마와 혼인 관계) 씨가 살았다. 당시 데라야마는 시부야

NHK 방송국 옆에 아파트를 두 채 빌려서 작업실과 침실로 사용하고 있었다. 그때부터 데라야마 슈지를 중심으로 연극에만 몰두한 나날이 시작되었다.

〈모피를 입은 마리〉의 재공연, 곧바로 〈화투이야기花札傳綺〉로 공연이 이어지고, 나는 그 후로도 음향 담당과 무대감독 조수를 계속 겸임하게 되었다. 1969년 초 해외공연 '프랑크푸르트 국제전위연극제'에 참가하는 열다섯 명에 뽑혀 〈개 귀신〉에서는 무대를 도우며 음향을 담당했고, 〈모피를 입은 마리〉에서는 '미소녀'를 연기했다. 미술감독 우노 아키라宇野亞喜良 씨에게 직접 분장을 배우기도 했다. 데라야마 슈지 감독의 영화에서는 스크립터와 조감독을 맡아서, 프랑스에서 〈상하이 이인창관Les fruits de la passion〉 후반 작업을 할 때 참여했다.

1983년 5월 4일, 오후 0시 5분. 간경변과 복막염으로 인한 패혈증으로, 데라야마 슈지는 가와키타종합병원에서 숨을 거두었다.
그 후에 바로 데라야마의 모친인 데라야마 하쓰의 바람에 따라, 나는 데라야마 가문의 양자로 들어갔다.

데라야마 슈지 감독의 단편영화 〈로라〉 〈청소년을 위한 영화입문〉에서 주인공을 맡았던 인연으로, 데라야마 사후에도 몇몇 국제영화제에 초대를 받았다. 1997년 7월에 아오모리현 미사와시에 '데라야마 슈지 기념관'이 개관했다. 그때 전시 콘셉트, 전시품 선정을 맡았다. 2008년에는 「데라야마 슈지 극장미술관 1935-2008」 전시 콘셉트 설정을 담당했는데, 아오모리 현립 미술관의 전체 공간 대부분을 사용해 대대적인 전시가 이루어졌다. 이 전시의 '특별 프로그램'의 구성과 편집도 내가 담당했다.

지금 2022년, 일흔이 넘어 돌이켜보니, 내가 항상 누군가의 지지를 받고 도움을 받으며 이런 생생한 인생을 경험할 수 있었던 것은 『가출 예찬』을 만났기 때문이라고 진정으로 생각한다.

데라야마 헨리쿠(寺山偏陸, 1949-). 데라야마 슈지의 수양 동생. 연출가, 영상작가, 그래픽디자이너. 1949년 효고현 아와지시마 출생. 만 17세에 가출해서 데라야마 슈지가 결성한 연극실험실 덴조사지키에 입단했다. 문예 연출부로서 주로 음향 담당을, 영화에서는 조감독, 기록 담당을 맡았다. 데라야마 슈지의 단편영화 〈로라〉에서는 스크린에 드나드는 관객을 연기했다. 에든버러, 베를린, 베이징, 스페인, 대만, 한국 등의 국제영화제에 참가했고 여러 영화의 조감독과 영화음악을 맡았다. 1993년부터 천재 사진작가라 불리는 아라키 노부요시荒木經惟의 사진집 편집과 아트디렉팅을 담당하고 있으며, 저서로 『헨리쿠 양철북』이 있다.

차례

서문—『가출 예찬』을 추천하며
데라야마 헨리쿠 5

제1장

Beat, Beat, Beat! ⌒ 15
어미를 그리는 노래 母懷春歌調 ⌒ 19
엄마의 시체 처리 ⌒ 23
누구를 위한 창녀 ⌒ 27
전원에서 죽다 ⌒ 31
사자에 씨의 성생활 ⌒ 36
자장가는 거짓말 ⌒ 48
관이 노래를 한다 ⌒ 53
형제끼리 다투자 ⌒ 57
갖지 않고 소유하기 ⌒ 61
이의 철학 ⌒ 65
『인형의 집』을 나온 사람 ⌒ 70
달팽이의 가출 ⌒ 74
대책 없이 뛰어라 ⌒ 78
가출론 ⌒ 82

가출 예찬

제2장

악덕 예찬

백과사전 이외의 악덕의 정의 ⇨ 101

이시카와 고에몬과 가상 대화로
  도둑 철학을 논하다 ⇨ 104

악덕 지망생 ⇨ 108

무덤에 파란 꽃을 ⇨ 113

혈서 ⇨ 117

금지된 반지 ⇨ 121

골칫거리를 치우는 논리 ⇨ 125

사드 정담情談 ⇨ 130

코 이야기 ⇨ 135

박물관에서 살해되다 ⇨ 138

낙서를 하자 ⇨ 142

바람이 불면 통 장수가 돈을 버나 ⇨ 147

제3장

남루한 교향악 ⇔ 155

말을 거는 날 ⇔ 160

방목 ⇔ 162

용서하면 안 된다 ⇔ 165

환멸하는 그들 ⇔ 169

밉고 미운 블루스 ⇔ 171

미신을 믿을 권리 ⇔ 175

말더듬이 클럽 ⇔ 180

일본학 JAPANOROGY ⇔ 184

시체 교육 ⇔ 188

도축장의 사상 ⇔ 193

지옥가地獄歌 ⇔ 197

저항예찬

제4장

독립 예찬

깨어나라, 분노하라! ▷ 203
키스학 KISSOROGY ▷ 207
'나는 누구인가?' ▷ 211
새벽녘에 ▷ 215
커피가 쓴 이유 ▷ 218
걸어라 ▷ 222
눈물짓는 질 ▷ 225
수염의 전후 관계 ▷ 230
부자도 가출할 수 있다 ▷ 234
어느 날, 갑자기 ▷ 238
개 귀신 빙의 ▷ 242
대장의 조건 ▷ 246
자유다, 살려줘 ▷ 250
악당! 문제아! 도둑! 멍청이! ▷ 264

후기   267
옮긴이의 말   271
편집 후기   276

제1장

家出の
すすめ
가출 예찬

Beat, Beat, Beat!

남의 엄마를 훔쳐라.

이것이 내 첫 번째 제안이다. 항간에는 예전부터 '1도盜·2비婢·3첩妾·4처妻'라는 속설이 있는데 보통 정사에 대해 말할 때 사용된다. 정사 중에서 가장 짜릿한 것은 '훔친' 사랑. 다시 말해 타인의 여자를 훔쳐서 하는 정사라는 것이다.

간통이 여기에 해당하는데, 남의 여자가 가장 좋아 보인다는 점에서 소유하지 않고 누린다는 사랑의 본질적인 일면이 엿보이는 것 같다.

마찬가지로 두 번째로 즐거운 것이 '비', 즉 자신의 하녀, 자신의 고용인과 나누는 정사이다.

이 경우에는 신분 차이와, 사랑으로 그 차이를 메우려는 인간적인 노력이 한층 정사를 극적으로 느끼게 해줄 것이다.

그리고 세 번째인 '첩'은 세컨드를 말한다. 유흥업소 아가씨나 매춘부와의 관계 등이 이 카테고리에 해당한다.

창녀는 손님한테 반했다 하고
손님은 창녀를 사랑한다 하네

 시노다 미노루가 노래한 「고야 다카오」*의 사랑도 바로 이 항목에 들어가는 셈이고, 보통 중년 남성의 정사는 대부분 '첩'의 카테고리에 들어가는 사례가 많다고 할 수 있다. 그리고 맨 끝에 오는 게 가장 일반적인 '아내'와의 정사이다.

 정상적인 상대가 등급상으로 가장 아래에 있는 것은 흥미로운 점이다. 나는 앞에서 이것을 '정사의 쾌락'의 바로미터인 것처럼 적었는데, 사실 이것은 연애의 즐거움의 바로미터이기도 하다.

 그런데 섹스 상대로 꼽은 '1도·2비·3첩·4처'라는 순위를 엄마의 경우로 치환해보자. '1 훔친 엄마·2 낳은 엄마·3 기른 엄마·4 보통 엄마', 평범한 엄마와 자식 관계가 역시 가장 아래 순위에 있지 않을까.

 이시카와 이쓰코石川逸子의 「그들이 웃는다」라는 시가 있다.

---

*
'고야 다카오紺屋高尾'는 '염색업자와 결혼한 기녀 다카오'라는 뜻으로, 유곽에 갔다가 다카오를 보고 첫눈에 반한 염색업자인 규조가 끝내 사랑을 이루게 되는 이야기이다.

"내 아이의 손발은 너무 길구나"
아이를 먹는 어미
아침에 밤에 우적우적 아이의 손발을 먹는 어미
피범벅이 된 입과
자애로운 눈동자
"언제나 너 잘되라는 마음뿐이란다"

아이는 도망친다
짧아진 손과 다리로 아이는 도망친다
어머니의 늪 시궁창 냄새 풍기는 늪으로부터 도망치려 몸부림친다

일반적인 엄마 꿈의 두려움을 그렸다. 아마 평범한 가정의 모자 관계에서, 특히 외아들과 엄마의 관계에서는 엄마가 완전히 자식을 먹으려고 할 것이다.

그러나 태어나서 버렸거나, 아니면 길러준 남의 엄마거나, 남의 엄마를 훔친 경우라면 사정이 완전히 다르다.

(애초에 '훔친다'고 해도 남의 엄마를 보쌈해서 들고 도

망칠 수도 없는 게 당연한데) 그렇다 쳐도 '자기 엄마'가 아닌 여자를, '자기 엄마'라고 믿어버림으로써 도적의 쾌감을 맛보는 달콤한 기분! 오이디푸스처럼,

"마구 몰아닥쳐라!

나의 태생을, 비록 그것이 아무리 비천해도 확인하고 싶은 것이다. 저 여자는 콧대 높고 도도한 여인, 아마 내 비천한 출신이 창피한 것이겠지."

이런 식으로 변명하지 말고 더 과감하게 남에게 "어머니!"라고 부르면 얼마나 즐거울까!

사실은 그런 면이 문제다. 남의 부인을 "아내여"라고 부르다가는 그 남편에게 몽둥이로 두들겨 맞기 십상일 텐데, 남의 어머니를 "엄마"라고 부르면 대개는 감사 인사를 듣는다. 그래서 「눈꺼풀 속 어머니」 같은 유명한 낭곡浪曲* 강담講談** 레퍼토리에서는 반바番場의 주타로라는 폭력배가 이리저리 떠돌아다니면서, 여관 여주인을 붙들고는 "어머니, 보고 싶었소"라고 한다.

여기에는 가족제도 안의 어머니와 자식 간의 기브 앤 테

---

* 샤미센 반주에 맞춰 서사적 내용을 노래하는 일본 전통음악. '나니와부시浪花節'라고도 함.

** 소설을 낭독하거나 이야기하는 형태.

이크give and take 관계가 아닌 그저 기분만 있을 뿐이다. 그리고 이 기분이라는 것이야말로 모자 관계에서 가장 중요한 연결고리라고 해도 될 것이다.

'어머니'라 불린 여관 여주인이 "사람 잘못 봤네"라고 하고, 손님은 거기서 눈물을 뚝뚝 떨군다.

참으로 엄마란 도둑맞고 또 도둑맞아도 사라지지 않는 것인가 보다.

어미를 그리는 노래 母戀春歌調

체념하고 떠나가는 모습을
부를까 메아리치는 그 목소리는
젖가슴을 누르고 뒤돌아보고
흘리는 눈물도 어미이기에

다이에이 영화사의 〈세 엄마〉는 사람을 세 배로 울리는 영화였다. 수세식이 아닌 재래식 변소 냄새가 코를 찌르는 변두리 극장에서 이 영화를 세 번 본 게 기억난다. 인생은 영화보다 더 요지경 같아서, 여기저기 눈물 뺄 일이 많다. 덕분에 소년 시절의 나는 도망칠 곳을 찾아, 극장의 어둠 안으로 들어갔고, 거기에서 펼쳐지는 싸구려 비극의 인과응보는 모두 스크린에서 완결을 보기로 했던 것이다. 그건 이틀 밤만 있다가 온다며 연락선을 타고 떠난 엄마가 그대로 돌아오지 않고 내가 '버려졌음'을 깨달았을 때는, 엄마는 이미 탄광촌에서 작부로 일하고 있었기 때문이다.

나는 엄마가 나간 후로 한 번도 집을 치우지 않았다. 방바닥에 떨어져 있는 머리카락 한 올이 엄마의 것이라는 걸 알고, 그것을 손가락에 빙빙 감아도 보고 길이도 재며 두 달 정도는 아무렇지 않게 지냈는데 가을바람이 불 무렵, 목욕탕에 가서 물에 몸을 담그고 있자니 눈물이 흘렀다.

멀리서 목욕탕까지 축제 악기 소리가 들려왔을 때였다.

그러고 나서부터 나는 엄마를 욕하게 되었다. 요지경 세상, "얘들아, 재미있는 노래 가르쳐줄까"라며 근처 아이들을 모아놓고 모두에게 합창을 시켰다. "속세 떠난 스님도

목어 갈라진 틈을 보고 떠올린다네 / 불심 깊은 엄마도 껍질 벗긴 바나나를 보며 몸을 꼰다네"라는 노래였다. 자아, 큰 소리로 불러 봐. 불심 깊은 엄마도 껍질 벗긴 바나나를 보며 몸을 꼰다네.

생각해보면 애달픈 복수였다.

더는 혼자 지낼 수가 없게 되어 사회복지과에서 사람이 와서 나를 친척 집에서 맡도록 한 것이 그해 겨울이었다. 내가 집을 떠나는 날, 문득 생각이 나서 장판을 들춰봤다가 엄마의 비상금도 아니고 절에서 받은 부적도 아닌, 야한 책 한 권을 발견했다. 나는 그 책을 사회복지과 직원 몰래 가방에 숨겨서 밤 기차에서 혼자 읽었다. 그건 엄청난 '나의 독서'의 시작이었는데, 그러나 열세 살짜리에게는 다소 난해했다고 할 수 있다. 나는 기차에서 그 야한 책 속에서 뜻을 잘 모르는 곳에 모두 하쓰라는 이름을 넣어 읽어보았다. 하쓰는 내 어머니의 호적상의 본명이었다.

"갑자기 허리에 손을 대고 끌어당겨 매끄러운 허벅지 안

쪽에 손을 넣고, 여린 싹같이 부드러운 그녀의 하쓰에 손을 넣었다. 그러자 하쓰는 '어머!' 하며 몸부림을 쳤는데, 그대로 하쓰를 비틀자 점점 하쓰가 되는지, 하쓰는 허벅지 부근까지 흘러내리고 하쓰의 눈빛도 불타오르듯이 정열을 띠기 시작하는 것이었다. 그래서 이때다 싶어 하쓰의 쭉 뻗은 한쪽 다리를 올려 반쯤 뒤에서 하쓰를 향하게 하고, 두세 번 하쓰를 하쓰하고 나서 단숨에 푹 하쓰하자, 역시 그 하쓰도 하쓰의 하쓰로 충분했기에, 어려움 없이 하쓰까지 미끄러져 들어간 그 찰나… 그렇게 하쓰에 익숙한 하쓰도 무심코 '하쓰!'라며 뜨거운 숨을 토하며 금방 하쓰를 하쓰해서 하쓰하쓰하게 하쓰하는 하쓰에 세차게 하쓰하쓰

하쓰 하쓰 하쓰 하쓰하쓰 하쓰 영혼의 어미 살해 울다 웃는 목소리인가 하쓰하쓰

하쓰하쓰하쓰하쓰하쓰하쓰하쓰하쓰하쓰하쓰하쓰하쓰하쓰하쓰하쓰하쓰하쓰."

"비에 폭풍우에 다시 내리는 눈에 / 날개도 아프겠다 / 길 잃은 새 / 모르는 타국의 산 넘고 들 건너 / 흘리는 눈물도 어미이기에."

엄마의 시체 처리

아서 코핏이라는 미국 극작가가 제목이 아주 긴 희곡을 썼다.〈오 아빠, 불쌍한 아빠, 엄마가 옷장에 매달아버린 아빠 때문에 나는 너무 슬퍼요〉

이게 제목이다.

그리고 이 희곡을 읽으면 미국이나 일본이나 부모 자식의 문제가 매우 중요하다는 것을 잘 알 수 있다.

이 희곡은 외아들과 엄마가 세계 일주 여행을 하다가 쿠바의 한 호텔 방에 묵으며 시작되는데, 엄마는 '세상이 너무 난잡하고 추해서', 그런 세상을 사랑스러운 아들에게 보여

줄 수 없다며 호텔 방에 아들을 감금해두고 자신이 채집해 온 나비를 방 안에 풀어 잡게 한다.

실내 감옥에 갇힌 열여덟 살 먹은 머리가 조금 모자란 외아들에게 이런 거짓 행복에서 깨워줄 섹시한 아가씨가 나타나 그를 위해 창문을 열어 '바깥 도시를 보여주려고도 하고', 어떻게든 있는 그대로의 현실을 알려주려 한다.

그러나 '마마보이'인 외아들은 엄마를 배신하는 일에 두려움을 느끼고, 아가씨에게 연심을 품으면서도 결코 아무것도 보려 하지 않는다.

마침내 결심을 한 아가씨는 폭풍우가 치는 밤, 자신의 육체를 그에게 내던져 '여자를 알게' 함으로써 현실을 가르쳐주려 하지만, 그는 겁을 먹고 그 순간 '엄마'를 부르며 그녀를 목 졸라 죽이고 만다.

바로크 음악으로 꾸며진 이 작품은 일종의 비유이며, 작품 자체에는 아무 사회성도 없고 오히려 의고전주의 익살극이라 할 수 있다. 그러나 여기서 매우 중요한 몇 가지 문제를 끄집어낼 수 있다.

외아들과 엄마의 문제는 가장 현대적인 주제인데, 형제

가 많아도 심리적 이유離乳가 늦는 사람들이 있고 운동권 학생 중에도 역시 많다.

프로이트는 홀어머니에 외동의 경우, 특히 아이에게 정신적 나약함이 보이는 일이 많다고 했는데, 이런 경우 그들이 '부모를 버리지 않기' 때문에 그런 것이다.

홀어머니에 외동이 아니더라도 젊은이라면 독립할 수 있는 자신이 생겼을 때 우선 '부모를 버리자'. 부모를 버린다고 표현했지만 등에 업고 힘겹게 고려장을 하러 가자는 뜻이 아니다.

누구든 이혼한 아내에게는 매달 돈을 지불한다. 마찬가지로 자신을 길러준 부모에게는 돈을 듬뿍 주는 게 좋다.(듬뿍이란 자신의 수입에 따라 자신과 동등한 생활을 할 만한 정도를 말한다)

그리고 대신에 정신적으로는 연을 딱 끊는 것이다.

일단 연을 끊어버리고, 부모 대신 애인이나 아내와 새로운 '애정'을 키우고, 그다음 '부모에 대한 우정'이라는 새로운 관계를 다시 형성하면 된다.

코핏의 희곡에서 "세상은 오욕으로 가득 차 있으니 네게는 보여줄 수가 없다"는 엄마의 사고방식은 현대의 부모에게도 공통된 에고이즘이다. 엄마의 애정이란 보답이 없기에 더 슬픈 것인데, 특히 홀어머니에 외동인 경우처럼 엄마가 아이에게 연인의 이미지와 아들의 이미지를 중첩시키게 되면 한층 더 골치가 아파져, 코핏도 이런 엄마를 식인 물고기 피라냐에 비유했다.

강한 청년이 되려면 이런 엄마로부터 심리적 젖 떼기를 해야 하고, 그렇지 않으면 그 어떤 유대 관계도 형성할 수 없을 것이다.

도저히 엄마의 사랑에서 벗어나지 못하는 사람은 기독교인들의 성화 밟기* 같은 각오로, 한번 자신의 엄마에게 "고려장을 시켜버리겠다"고 말해보라.

그 말을 한 순간 엄마보다 당신 자신이 바뀔 것이다. 그리고 그것은 분명 심리적으로 젖을 떼는 계기가 될 것이다. 질척질척한 애정으로 묶인 혈연의 늪 속에 하늘 높이 날아올라야 할 자신의 날개를 적시고 있는 외아들이 되기보다는 '불효'를 권한다…. 이게 나의 생각이다.

"너를 키우고 아낀 건 나지, 네 애인이 아니다." 이렇게 말

---

*
일본 에도 시대에 기독교
신자를 색출하기 위해
예수나 성모 마리아의
그림을 밟도록 했다.

하는 엄마라면 더더욱 버려야 한다.

그리고 가정적인 인간에서 한 번은 사회적 인간이 돼보고, 그 후에 다시 자신이 어떤 인간으로 살아야 할지 생각해야 한다.

자, 당신의 집 안에 마음의 고려장터를 만드는 일을 시작하라.

누구를 위한 창녀

"돌이켜보면 삼 년 전 마을에 기근이 들었을 때, 딸을 팔까 집을 팔까 가족회의가 열렸고 딸을 팔라는 가족회의 결과에 팔려 온 이내 몸값은 삼천 냥, 입술연지를 바르고 분을 바르고 울며불며 가마에 실려서 도착한 곳은 요시와라의 그 이름도 높은 요정이더라."

그 유명한 「요시와라 엘레지」의 '가타리'라는 대사 부분이다. 가타리는 샹송에서 말하는 레치타티보*로, 실제 노래 부분은 그 뒤에 이어진다.

---

*
recitativo. 오페라나
샹송에서 대사를 말하듯이
노래하는 독창곡.

어디 사는 누군지도 모르는
싫은 손님도 마다하지 않고
밤마다 밤마다 하룻밤 잠자리
이것도 어쩔 수 없는 부모 때문
요시와라의 밤은 고요히 깊어가는데
오늘도 작은 창에 기대어
달을 바라보며 눈에는 눈물
새해가 밝기만을 기다리네

이렇게 「요시와라 엘레지」를 예로 들었지만 매춘이 금지된 지금은 무슨 소리인지 감이 오지 않는 사람이 많을지도 모르겠다. 더구나 이 노래에서 '이것도 어쩔 수 없는 부모 때문'이라는 부분이 매춘부의 서글픔을 본질적으로 파악하고 있는가 하면 꼭 그렇지도 않은 것 같다.

어째서 본인 탓이라고는 생각하지 않는 거야! 아니, 어쩌면 이건 매춘부, 창녀들이 직접 만든 노래가 아니라 주위 사람들이 부른 노래일 수도 있다고 생각될 수 있는 부분이다.

줄스 다신 감독의 영화 〈일요일은 참으세요〉에는 뚱뚱한 그리스 매춘부들이 많이 나오는데, 누구 하나 결코 눈에 눈물 따위를 머금지 않았던 게 특이했던 것 같다. 대개 유럽의 매춘부들은 유머러스하게 묘사되는데 다소 머리가 나쁜 여자는 있어도 "달을 바라보며 눈에는 눈물 / 새해가 밝기만을 기다리네"라며 한탄하지는 않는다.

심지어 이 영화에서 멜리나 메르쿠리가 연기한 창녀는 자신이 단 한 명의 남자가 아니라, 더 많은 남자들에게 자신의 육체를 주고 싶어서 창녀가 되었다는 설정이다.

프리미티브*한 것에 동경이 강한 그녀는 일요일에는 '자신의 남자'들을 아파트에 모아 그리스 연극에 관한 이야기를 나누는 것을 아주 좋아한다.

그렇다면 '일본 창녀는 어두운 별 밑에서 울고 있는데 그리스 창녀는 왜 밝은지' 생각해보자.

첫째로 요시와라의 여자들에게는 이런 발상이 있다.

밤마다 밤마다 하룻밤 잠자리
이것도 어쩔 수 없는 부모 때문

---

*
primitive. '초기의, 고풍스러운, 원시적인'이라는 뜻과 함께 '미개한, 소박한'이라는 뜻도 있다. '프리미티브 아트'라는 개념은 선사시대의 예술, 르네상스 이전의 예술, 근대의 민속예술 등을 가리킨다.

반면에 〈일요일은 참으세요〉의 창녀들에게는 '이것도 어쩔 수 없는 부모 때문'이 아니라, '자신 때문에', 자신이 남자에게 줄 기쁨을 위해 창녀가 되었다는 이유가 분명하다.

결국 「요시와라 엘레지」의 여자들은 '부모를 위해 사는 게 불행한 줄 알면서도 부모의 희생이 되어야만 할 이유가 있었기에 가엾다'는 식으로 생각한다.

그러나 그녀들은 정말로 가여운가, 아닌가!

아리스토텔레스식으로 말하면, '비극이란 도저히 피할 수 없이 일어난 사태'인데, 요시와라의 여자들에게 그렇게 싫은 창녀가 되는 것이 피할 수 없었던 사태인가 아닌가.

그 부분이 중대한 문제이다.

왜냐하면 사실 그녀들은 팔리기 전에 가출할 수도 있었고, 부모가 키운 감자도 아니니, 시장에 내놓는 걸 거부할 수도 있었을 것이다.

거부한다고 해도 요즘처럼 '대화'가 통할 것 같지는 않지만, 그래도 만일 정말로 창녀가 되는 게 싫었다면 무슨 수를 써서라도, 부모의 그와 같은 지배에서 벗어났어야 했다.

'부모 때문'을 비롯해 '…때문'이라는 사고방식은 대개 자기 자신을 속이는 변명으로 쓰는 경우가 많은 것 같다.

에고이즘을 정당화하려고 '내 아이를 생각하는 마음 때문'이라는 걸 방편 삼아 학교운영위원회에서 유명 인사가 되고 싶어 하는 사교적인 엄마와 마찬가지로, 자신의 인생에서 불행한 역할을 연기하고 싶어서 '부모 때문에'라고 하는 건 비열한 변명이라고 해야 할 것이다.

사실 '부모 때문'인 것은 아무것도 없고, 각자 자신을 위해 자기를 내던지고 있을 뿐이다.

그리고 자신을 위해 사는 기쁨에서 부모와 사랑의 커뮤니케이션을 발견하지 못한다면… 당신은 아주 시시한 유형의 '효자'일 뿐이다.

전원에서 죽다

고향은 멀리 있어 그리는 것
그리고 서글피 노래하는 것
돌아갈 곳은 아니라네

무로 사이세이*의 이 시를 소극적이고 감상적이라고 깎아내리는 부류는 농본주의를 실천하며 청년 학교를 만들거나 서클 운동에 열중하는 사람들이다. 어쩌면 그들의 말처럼 '고향'은 멀리에 있어 그리워하거나 서글피 노래하는 곳이 아닐 수도 있다. 그러나 그렇다고 해서 '고향'에 안주하며 어머니인 고향이 주는 것을 받기만 하면 되는 게 아니다.

나는 소년 시절부터 가출을 동경했다. 그리고 지금도 푸른 하늘에 저녁매미가 우는 소리가 들릴 때마다 '먼 도시'를 동경하며 피 끓던 '나의 그때'로 돌아가는 느낌이 든다.

지방의 젊은이들은 모두 가출을 해야 한다.

그리고 자기 자신을 독립적으로 '만들어가는 일'에 인생을 걸어야 한다. 돌아가려고 하면 언제든 돌아갈 수 있으니까 말이다.

여기 편지 한 통이 있다. 아오모리현에서 도시로 올라온 한 가출 소녀가 보낸 것이다.

    간단히 글월 올립니다. (원문 그대로이다.)
    혈혈단신으로 도시에 온 지 벌써 한 달이 지났습니

---

*
室生犀星. 일본의 소설가, 시인. 서정시를 중심으로 한 아름다운 작품 세계로 유명하다.

다. 여러 가지로 도움을 주셔서 지금은 씩씩하게 일을 하고 있습니다.

딱 한 달째에 아버지한테서 편지가 왔습니다. 편지에 따르면 집안을 이어야 할 둘째 오빠 부부가 집에서 나가기로 결정하고, 벼 베기도 끝나기 전에 새언니네 친정으로 갔다고 합니다. 그래서 늙은 부모님 둘이서 가을걷이로 정신이 없는 모양입니다.

예전에는 일을 돕지 않는 오빠들에게 마음속으로 화를 내면서 부모님을 얌전히 도왔던 저였습니다.

그래서 사람들한테 효녀라는 소리를 들었었죠. 하지만 가족을 위한 희생이라는 미명의 그늘에서 저는 언젠가부터 진정한 자신을 잃어버린 것 같아 슬펐습니다. 아버지를 미워해도 되는지, 집을 미워해도 되는지 알 수 없었습니다. 그리고 한 사람을 좋아하게 되고, 결국… 부모님의 반대를 무릅쓰고 그를 사랑했던 저였지만, 제 눈으로 보고 알게 된 것은 사람 마음의 이면이었어요. 제가 결심을 하고 가출하자 부모님과 오빠는 도시를 동경해서 그런 줄로만 알고 있습니다.

그리고 저를 걱정하고 있습니다. 사실은 제가 도우러 가면 가장 의지가 될 줄 아시면서도 "두 번 다시 돌아오면 안 된다"고 편지에 적혀 있었습니다. 세상눈을 생각해서인지, 내심 제 걱정을 하면서도 입으로는 반대로 말해야 하는 부모님의 그런 모습을 떠올리며 옥상에서 혼자 울었습니다.

집안일이며 가을걷이를 머리에서 떠나보내지 못할 줄 알면서도, 생각하지 말자고 저 자신을 타이릅니다. 아무것도 생각하지 말자고 자리에 누우면 꼭 엄마가 병에 걸린 꿈을 꿉니다. 목을 매고 돌아가신 꿈을 꿨을 때는 굉장히 마음이 좋지 않았습니다. 까마귀 우는 소리도 제게만 들리는 것 같은 느낌이 들었습니다.

월급에서 적어도 2, 3천 엔은 송금하려고 마음먹었습니다. 필요 없다고 해도 보내겠다고 했습니다. 성실히 일하고 받은 돈이라 아무리 적어도 당당하게 보낼 수 있는 게 무엇보다 기쁩니다. "연을 끊겠다"고 하면서도 아버지의 편지 끝에는 "사과를 보내마"라고 적혀 있었습니다. 저는 지금 아버지의 편지를 다시 읽으면서 강하게 살자고 저 자신을 다독이고 있습니다….

 이 소녀는 처음에 내 앞으로 한 통의 편지를 보내고, 얼마 뒤 아오모리현인 고향을 버리고 도시로 나온 것이다.
 나는 이 편지에 감동했고, 동시에 가출주의, 다시 말해 새로운 자아에 눈뜨는 일이 폐쇄적인 고향과 사회를 넘어서는 데 있어 무엇보다 중요하다는 것을 확인했다. 현대와 같은 도덕적 과도기에 '무엇을 해야 하고' '무엇을 하지 말아야 하는가' 하는 하우 투 리브how to live의 법칙이 어디에 있을까!
 그 기준을 만드는 것을 주체의 확립이라고 부른다면 백 가지 논리보다 한 가지 행동에 기대를 걸어야 하는 것이 아닐까!
 그리고 시란 본래 그런 행동 뒤의 미련을 적셔주는 것이니, 이 시 역시 감상적이라고 치부할 일만은 아니라고 나는 생각한다.

　　고향은 멀리 있어 그리는 것

그리고 서글피 노래하는 것
돌아갈 곳은 아니라네

사자에 씨의 성생활

사자에 씨는 파자마를 입고 잔다. 하늘하늘한 원피스 잠옷을 입고 자는 일은 없다. 남편 마스오는 다소 욕구불만 상태인데, 전철에서 할머니를 젊은 여자로 착각하는 일도 있고 뒷모습이 예쁜 여자 뒤를 따라갔다가 얼굴을 보니 실은 장발 히피족 남자였던 일도 있다.

데릴사위인 마스오는 집안 생계의 몇 퍼센트를 장인 장모에게 의존하고 있는 데서 기인한 조심스러움 때문에 적극적으로 사자에 씨의 몸을 요구할 수 없는 것인지, 아니면 주택 사정(한집에 여섯 식구가 살고, 일본식 주택이라 모든 방이 칸막이 문으로 나누어져 있을 뿐 문을 잠글 수도 없고 방음도 되지 않는다) 탓에 참는 것인지는 확실하지 않다. 다만 분명한 건 이 부부가 휴일을 이용해서 모텔에 '대실'을 하러 갈 만한 경제적, 정신적 여유가 없다는 점이다. 만화 「사자에 씨」는 일종의 대하 만화로, 그 부부 생활의 캐리커처에도 성에 관한 건 거의 없고, 두 사람이 이불을 나란히 깔고 자는 묘사는 56권 전체를 봐도 아주 드물다. 게다가 「사자에 씨」에는 지극히 이해하기 어려운 윤리관이 있는데, 전철에서 아내 이외의 여자에게 관심을 가지기라도 하면 꼭 망신을 당하고 "아아, 나는 어리석어, 너무 경솔해" 하며 후회한다. 「사자에 씨」를 관통하는 '집'의 모습은 실은 지극히 권력 지배적이고, 이 가족이 실수를 거듭하지만 '사랑할 만한 서민'이라는 식의 트릭으로 묘사되는 기법에 독자는 종종 속게 된다. 그러나 만화 「사자에 씨」의 주인공은 사자에 씨도, 마스오도 아닌 '이소노 집안' 그 자체이다. 머독*은 "가족의 수명은 짧아지는데 '집'은 영원하기를 바라고, 이 두 가지는 근본적으로 양립할 수 없는 것"이라고 했고, 그 둘의 간극이 더욱 구체적인 형태로 반영된 것이 바로 다른 곳에서 이 '집'으로 들어온 사위(즉 가장 순수한 의미로 '집'과 혈연이 없는 가족) 마스오이다. 마스오가 사자에와 결혼하고도 십 년이나 되는 시간 동안 성생활이 암시조차 되지

---

*
조지 피터 머독 George Peter Murdock. 미국의 문화인류학자. 저서 『사회구조』에서 가족 유형을 핵가족, 대가족, 복혼가족으로 분류했다.

않는 점에서 이 만화의 주술적인 두려움이 느껴진다. 오늘날 성생활을 법제화하기 위한 결혼이라는 제도가 시험대에 오르고, "우리가 결혼하고 싶다는 건 서로 껴안고 섹스하고 싶어서라는 걸 누구나 안다"(라이히,* 『강제적 결혼과 지속되는 성관계』)는 사실에도 불구하고, 이 만화에서는 마스오의 성욕이 '집'의 힘에 의해 거세되려 하고 있기 때문이다. 물론 「사자에 씨」에는 묘사되지 않은 이면의 진실이 있을지도 모른다. 예를 들면 마스오가 상당히 심한 포경이라거나, 최근 몇 년간 발기부전으로 고생하고 있다거나, 혹은 밝혀지지 않았지만 시지미나 무키미**라는 이름의 내연녀가 있다는 등. 하지만 적어도 마스오의 얼굴에는 그런 복잡한 드라마가 그림자를 드리우고 있지 않다. 마스오의 관심은 일단 출세나 성공을 향해 있는 것처럼 보이는 게 이 만화의 구조이다.

사자에 씨는 남편에게 '돈을 더 벌어 오라'며 채찍질하는 악처이며, 만화에서 두 사람은 집에 소속되어 있는 남편과 아내라는 충실한 역할 이상으로 그려지지 않는다. 마스오는 사자에를 두려워하면서 데릴사위이기 때문에 주변에 화

---

*
빌헬름 라이히Wilhelm Reich. 오스트리아 태생의 정신분석학자이자 사회운동가.

**
사자에는 일본어로 '소라'라는 뜻이 있는데, '시지미'는 바지락, '무키미'는 조갯살을 뜻한다.

풀이를 할 수도 없다. 나는 유감스럽게도 마스오의 어린 시절에 대해 아무것도 모르기 때문에, 그의 잠재의식이 어떤 것인지, 그와 그의 어머니와의 관계, 그의 자위 경험의 역사, 그리고 그의 첫 경험이 어떤 식으로 이루어졌는지 등등 상상은 할 수 있어도 확실치가 않다.

라이히는 "성에 대한 인간 구조는 강제적 결혼의 결과 퇴화해버렸다"고 했는데, 사자에 씨와 마스오의 관계의 경우는 '퇴화해버린' 것인지 아니면 처음부터 성에 대해 그다지 격렬하지 않았는지 나로서는 알 수가 없다. 다만 여기에 한 가지 흥미로운 일화가 있다.

그것은 마스오가 사자에 씨에게 성에 대한 인간의 본능을 설명하려다 실패하는 일화인데, 개를 데리고 있는 미니스커트 차림의 여자가 있는 곳으로 다가가는 한 남자를 예로 들고 있다. 개에게 다가가는 것처럼 보이지만 사실은 여자가 목적이라고 마스오는 사자에 씨에게 남자의 속내를 설명한다. 사자에 씨는 그런 남자가 있다는 것을 좀처럼 이해할 수가 없다. 왜냐하면 그녀는 여고 시절 스탕달의 『연애론』을 읽지 않았고, 인간관계에 그러한 테크닉이 필요하다고 생각한 적이 없었기 때문이다. 그런데 남자는 여자가 데리고 있는 개에게 다가가서 한참 개의 머리를 쓰다듬다가, 잠시 뒤 개를 안아 올려 '쪽!' 하고 입을 맞추더니 여자에게는 눈길도 주지 않고 가버린다. 사자에 씨는 "정말 개를 좋아하는 사람이잖아"라고 말하고, 마스오는 자신의 예측이 틀려서 풀이 죽는다는 얘기이다. 이렇게 마스오의 안타까운 기대는 또 한 번 배반을 당하게 되는데, 왜 마스오는 자신의 성적 바람을 이루기 위해 집을 나가거나 카바레나 성매매 업소에 다니거나 자유연애를 하지 않는 걸까(그리고 사자에 씨는 남편을 성적으로 만족시키지도 않는 주제에 왜 질투가 많을까)라는 질문에 대한 대답은, 일부일처제라는 신앙에 뒷받침된 '집'이라는 제도의 구조 탓인 것 같다. 이소노 집안의 재산이 얼마나 많은지는 차치하더라도, 마스오의 경우는 이른바 중계상속*을 위한 양자이자 가쓰오(사자에 씨의 동생)가 성장하기 전까지 임시 가장이니, 마스오에게 성적 주도권을 잡혀버리면 곤란한 이소노 집안의 사정도 있을 것이다. 도쿠시마 지방에서는 이런 매부 양자는 어차피 분가할 테니 '집안'에 자리를 내주지 않는 관습

---

*
상속인인 장남이 어리거나 상속이 불가능한 경우, 그 누나의 남편을 데릴사위로 들여 가장의 지위를 상속시키고, 훗날 장남이 가장의 지위를 이을 수 있는 시기가 되면 지위를 장남에게 양도한다.

이 있었다. 심한 경우에는 "위의 호주가 될 적장자가 성장한 후 물러나 호주 지위를 적장자에게 양도하게" 되어 있으므로, 마스오는 적장자인 가쓰오가 성장하면 물러날 운명인 것이다. 그런데 "이 양자는 결코 정실을 들이지 않고, 첩을 두도록 한다. 혹은 아이를 낳아도 그 집을 이을 권력이 부여되지 않는다는 의사를 표시한다".(가자하야 야소지 편, 『전국민사관례분류집』, 1944년) 따라서 사자에와 마스오의 외동딸 타라와 적장자인 가쓰오 사이에 상속 분쟁이 일어나더라도 봉건가족제도에서는 '흔한 일'로 치부된다.

'집'에서의 성적 주도권은 때로 경제적 헤게모니를 넘어선다. 적어도 근대 이후의 '집'을 지탱하는 거대한 요인의 하나로, '지속되는 성관계'가 거론된다는 것을 간과할 수 없기 때문이다. 라이히는 이러한 경우에 대해 '서로 쾌감을 얻을 수 있었던 관능적 체험의 결과로서의 성적인 애착, 그것은 지금까지의 성적인 쾌감을 통해 성적인 만족감이 상당하며 장래에 기대되는 쾌감을 위한 성적인 관계가 있는 경우'와 '충족되지 않은 관능적 욕구로 인한 집착, 즉 관능성이 금지되어 있기 때문에 파트너를 과대평가함으로써 특징

지어진 일종의 성적인 만족감을 무의식적으로 기대하는 경우' 두 가지를 예로 들고 있다. 마스오와 사자에가 '지속되는' 이유는 후자인데, 라이히는 후자의 경우 종종 증오로 역전될 가능성이 있다고 했다.

사자에 씨는 에로티시즘과는 전혀 무관한 여자이지만 아주 가끔 말도 안 되는 오해를 하는 일이 있다. 지나가던 남자가 바나나 껍질에 미끄러져 넘어지자, 자신이 스타킹 밴드를 다시 정리하는 것을 보다가 넘어졌다고 착각하고는 "어머, 내가 잘못했네"라며 자부하는 것이다. 이때의 사자에 씨는 자신의 매력을 도외시하고, '남자는 여자가 스커트를 들추기만 하면 반드시 졸도한다'는 고정관념에 사로잡혀 있는 것 같다. 나는 이런 사자에 씨의 에로티시즘에 대한 무관심과 죽을 때까지 일부일처를 지켜야 한다는 체념에서 '집'에 대한 충성심이 출발하고 있는 점이 이 만화의 가장 큰 특징이라고 생각한다. 사자에 씨는 한 달에 겨우 한두 번, 정상위로 성행위를 하고, 타라를 낳은 후에는 성서의 가르침대로 '출산을 목적으로 하지 않는 섹스의 쾌락'으로부터 단호히 손을 씻고, 오로지 식욕에서 삶의 보람을 찾은 것이다. 그러나 이렇게 결혼 그 자체가 '사회의 생산수단의 사유화로서의 경제 기반만을 문제로 삼게' 되면서, 사자에 씨와 마스오의 허울뿐인 부부 생활을 만들어 내기에 이르렀다. (만일 사자에 씨가 에로티시즘에 눈을 떠서 진심으로 성적 매력을 높이려고 한다면 중부 유럽의 삼십년전쟁 같은 대사건이 필요하다.) "지난 삼십년전쟁 동안 칼과 질병과 굶주림으로 감소한 남성 인구를 회복시키는 것이 신성로마제국을 위해 반드시 필요하다. …모든 남성은 두 여성과 결혼하는 것이 가능해질 것이다."(에두아르트 푹스, 『풍속의 역사』)

그런데 상습적으로 자위를 하는 마스오를 성적으로 해방시키고, 이소노 집안으로 상징되는 '집'을 붕괴시켜 일부일처라는 권위주의 가정의 억압으로부터 가족제도가 자유로워져서 성 혁명을 실현하려면 두 가지 처방전이 있다. 하나는 '집' 내부에서의 성 해방이다. 그 예로 네덜란드의 언더그라운드 잡지 『서크Suck』*에 실린 「보통 남자 Joe Blow」라는 만화를 인용해보겠다. 「사자에 씨」나 「블론디」처럼 가정을

---

*
1969년 런던에서 창간된,
자유연애와 퀴어를
찬양하는 언더그라운드
포르노 잡지.

무대로 한 만화로 평범한 남편과 아내, 그리고 부부의 자녀가 주인공인 시리즈 중 하나다. 아빠인 조가 딸의 공부방에 들어갔더니 딸 루이스가 한창 자위를 하고 있다. 그걸 보고 흥분한 조는 자신의 남근을 꺼내 딸에게 "자, 사탕이다" 하며 빨게 한다. 근친상간이라는 말에 따라다니는 암울한 인상 같은 게 전혀 없이 밝고 개방적인 부녀의 섹스는 지금까지 '가정'에서 금기시된 성 문제에 대한 풍자로서 통쾌한 느낌마저 든다.

하필 이때 집에 온 아들이 문을 열었다가 누나와 아버지가 격렬하게 "하아" "으으음! 오! 맙소사!" 같은 소리를 내며 섹스하는 모습을 보고 놀라서 부엌으로 달려가 엄마인 루이스에게 이른다. 그러나 엄마인 루이스는 당황하지도 수선을 떨지도 않고 아들 앞에서 입고 있던 옷을 벗어 던지고는 성교육을 해주는 것이다. 이 가정에서의 성에 대한 부모의 자세가 「사자에 씨」의 이소노 집안과 대척점에 있는 것은 말할 것도 없다. 이소노 집안에서는 텔레비전에 나오는 키스 장면조차 어른과 아이가 함께 보지 않는데, 브라운 씨네 집에서는 아버지가 자신의 남근을 딸에게 보여준다.

그리고 '가정'에서 성의 사유제를 타파하는 것부터 시작해서 억압적인 결혼제도의 부조리를 타파해가는 것이다. 나는 마스오의 성적 불만이 곧바로 이혼으로 진행되지 않는 점에서 이 만화를 지배하고 있는 '집'의 권위주의에 대한 긍정을 간파해냈다. 이 만화가 삼백만 명의 신문 독자에게 매일 아침 보여주는 '사자에 씨'의 인생 기록은 사실 복제 작품에서 공통적으로 볼 수 있는 교화적 목적이 있다. 그것은 이 4컷 만화 속의 삶은 현실로부터 인용 가능한 것으로 재현되고 있으며, 작자의 의도 속에서 검열을 거쳤기 때문이다. 사자에 씨는 대리로 사는 삶에서 '평범한 행복'을 이야기하는 것처럼 보여주면서, 매일 아침 독자들에게 '아무것도 변하지 않았고 변할 필요도 없다'는 교훈을 강요하고, 때때로 성욕을 집 밖에서 풀려는 마스오를 웃음거리로 만든다. 당연한 얘기지만 「사자에 씨」에 풍자나 비판 같은 것은 없다. 사자에 씨의 불감증은 사자에 씨가 '집' 그 자체라 하더라도, 그건 이미 '가정'이 아니라는 것을 말해주고 있다.

예로부터 여자들은 허리를 숙여 보리를 볶고

예로부터 여자들은 머리에 짐을 이고 옮기고
예로부터 여자들은 테스모포리아* 축제를 열고
예로부터 여자들은 꿀이 든 과자를 굽고
예로부터 여자들은 남편을 괴롭히고
예로부터 여자들은 남몰래 바람을 피우네

이것은 아리스토파네스의 희곡 〈여인들의 민회〉 중에서 프락사고라의 대사로, 사자에 씨에게는 마지막 한 줄만 해당되지 않는다. 사자에 씨는 성 해방은커녕, 성에 대한 논의조차 거부한다. 따라서 사자에 씨는 쾌락 같은 건 추구하지 않으며 마스오의 사랑도 원하지 않는다. 사자에 씨는 사는 보람을 상상력의 테두리 밖의 것으로만 채우려고 한다. 인간관계보다도 옷 한 벌을 원하는 여성의 괴기스러움은 누군가에 의해 다시 그려져야만 할 것 같다. 예를 들어 집에 침입한 치한에게 강간당해 성적 쾌감에 눈뜬 사자에 씨가 점점 이소노 집안 구조에 불만을 품기 시작하고, 집을 지키거나 가사일을 하거나 쇼핑만 하던 삶을 버리고 다른 무엇인가를 충족시키기 위해 가출한다. 그리고 차례차례로 남

---

*
일 년에 한 번 농업과
가족의 여신 데메테르를
위해 여자만 참가해서
축하하는 고대 그리스의
축제.

자를 바꿔가며 살다가 여자의 진정한 자유가 무엇인지 깨닫는다. 입센의 '노라'는 가출 이후의 성적 인간관계를 거치지 않았기 때문에 혁명적 표현이 되지는 못했지만, 사자에 씨에게는 아직 그럴 수 있는 시간이 있다는 게 구원(?)이라고 나는 생각했다.

남자들이 전쟁을 멈추지 않는 한 여자들은 '평화'가 올 때까지 남자를 침대에 들이지 않겠다며 섹스 파업에 돌입하는 아리스토파네스의 〈여자의 평화〉는 지극히 현대적이다. 그리고 뉴욕의 우먼 파워로까지 그 풍자 정신이 계승되고 있는 셈인데, 사자에 씨처럼 마스오와 침대에서 쾌락을 나누지 않는 아내에게는 "평화가 올 때까지 침대에 들이지 않겠다"고 선언해봤자 아무런 사회성도 없다.

적어도 잠자리를 거부하는 것이 전 세계의 평화와 걸맞을 만큼의 중후한 성생활을 영위하기를 사자에 씨에게 기대해보지만(동시에 이는 이소노 집안의 사회적 의무이기도 하다), 그녀에게는 무리일 것이다. 그게 아니라면 창녀라도 되는 것 말고 사자에 씨가 현대를 살아갈 자격 같은 건 없다고 나는 말하고 싶다.

자장가는 거짓말

자장가는 대개 거짓말이다.

그리고 자장가 가사만큼 부모의 에고이즘을 잘 표현한 것도 없을 것이다. 아이는 이 애조 띤 가락에 최면이 걸려 '재워지고' 만다.

그러나 사실 아이는 눈을 부릅뜨고 세상을 지켜봤어야 했다. 나는 '자장가'라는 말을 들을 때마다 「늑대와 아기 돼지 삼 형제」라는 동화를 떠올리게 된다. "너무너무 귀여운 아기 돼지야. 맛있는 게 많으니까 안심하고 이 문을 조금만 열어주렴…." 늑대는 상냥하게 말을 건다.

그리고 아기 돼지가 문을 살짝 열면 늑대가 통째로 삼켜 버린다.

흔히 부모는 자기 자식을 보고 '깨물어주고 싶을 만큼' 귀엽다고 하는데, 이 말에서는 늑대의 동화와 함께 비유를 넘어선 박진감이 느껴진다. 그리고 모든 어머니는 기회를 엿보다가 '자식(아이의 사랑, 아이의 꿈, 아이의 모험, 아이의 무자비한 에너지)을 먹어버리려고' 하는 것처럼 보인다. 거짓이 아니다. 자식을 자신이 말하는 대로 움직이게 하려는 부모의 에고이즘이 아이를, 그리고 일본의 청년들을 얼마나 무력하게 만드는지 자장가를 살펴보면 쉽게 알 수 있다.

히로시마 지역에는 이런 노래가 있다.

> 잠이 들거라
> 잘 자는 아이는 사랑스럽고
> 깨서 우는 아이는 밉살맞아라
> 잘 자라 잘 자라

여기에는 아이의 사랑스러움이나 밉살스러움이 아니라, 말을 잘 듣느냐 아니냐에 따른 사랑스러움과 밉살스러움의 대비가 표현되어 있다. 도치기 지역의 자장가에도 똑같은 의식을 엿볼 수 있다.

> 아기 보는 사람 어디 갔나
> 날이 험한 밤에도 사탕을 사러 나가네
> 사탕을 사 와서 누굴 주지

우리 아기 먹여서 크게 키워서
크고 나면 시집보내지
시집가면 무슨 일을 할까
조밥 짓기, 피밥 짓기, 절구질
그게 싫으면 나오려무나

 엄마는 잠든 아기의 얼굴을 보면서, 그 아이를 '시집보내기'까지의 프로그램을 뇌리에 떠올린다. 그러면 자신이 지나온 불행한 여자의 반평생이 바로 떠오르고 아이도 역시 '조밥 짓기, 피밥 짓기, 절구질'을 하면서 매일매일 힘들게 살게 될 거라고 생각하는 것이다.
 그러나 이건 단순한 암시에 불과하다. 왜냐하면 부모는 '그게 싫으면' 스스로 더 좋은 결혼 상대를 고르라고 하는 게 아니기 때문이다. '그게 싫으면 나오려무나'라는 부분이 부모가 만들어놓은 너무나 부모다운 다정한 함정이다.
 우선, 자장가를 불러줘야 할 어린아이를 보면서, 그 아이가 시집가는 것까지 자기 일처럼 생각하는 건 오만할 뿐만 아니라 지나치게 자기중심적이다. 부모는 자식이 자립할 수 있게 된 날부터 이미 자식은 자신의 것이 아니라고 인정해야 한다.

> 아가야 내 아가야
> 엄마는 시노다篠田에 돌아간단다
> 엄마가 없어지고 나면
> 절대로 절대로 먹지 말아라
> 나비잠자리의 애벌레를
> 절대로 절대로 먹지 말아라
> 만일 먹는다면
> 너를 보고 여우 새끼라고
> 세상 사람들이 떠들 테니
> 그 말 듣지 않게 잘하려무나
> 잘 자라 잘 자라

이것은 이바라키의 자장가이다. 여기서도 '나비잠자리의 애벌레를' 먹지 말라는 이유가 이상하다. 왜냐하면 아이가 배탈이 날까 봐 그러는 게 아니라 '여우 새끼라고 세상 사람들이 떠들까 봐'이기 때문이다.

본인이 여우라는 소리를 들을 수는 없다는 부모의 자기애가 자장가의 주제라니 너무나 웃기지 않는가.

물론 이런 자장가 가사는 야사나 전설에서 유래된 것이 적지 않은데, 그래도 가사에서 느껴지는 공통점은 부모의 자기 자신에 대한 연민의 감정이 아이에 대한 무조건적인 사랑보다 선행되고 있다는 점이다.

부모의 사랑, 특히 엄마의 사랑은 언제나 슬프다. 언제나 슬픈 이유는 항상 '짝사랑'이기 때문이다. 그리고 언젠가는 자신을 버리고 떠날 줄 다 알면서도 마치 연인에게 억울하고 힘든 감정을 토로하는 연애편지를 쓰듯이 부르는 것이 자장가인 셈이다.

그래서 '자장가'를 들으면 누구나 느끼는 그리움은 지나간 로맨스에 대한 애상 같은 것이라고 할 수 있겠다.

진정 부모와 자식 간의 '사랑'은 선험적이며, 선험적인 사랑이라는 것이 존재할 수 있는 것은 부모 자식 사이뿐이다. 그러나 한 번은 그것을 버려야만 한다. 버리지 않으면 당신은 자장가에 취해 잠이 든 몽유병자일 뿐이고, 무엇보다 부모와 자식 간에 완성된 '사랑' 따위는 존재할 수가 없다.

관이 노래를 한다

아오모리에 있는 오소레산에 갔을 때의 일이다.

그 지역에서 교사 일을 하는 민속학 연구가인 N씨가 지노이케* 주위를 돌아보다가 이런 이야기를 들려주었다.

아오모리현 시모키타군 오하타 마을에 간지라는 농부가 살았대요. 그 집 둘째 아들인 료사쿠가 열 살이 된 어느 날, 자기 누나를 보고 문득 "누나는 어디서 우리 집으로 온 거야!"라고 물었다는 겁니다.

이 뜬금없는 질문에 누나가 놀라서 물어봤다죠. "이상한 소리를 다 하네. 그럼 너는 어디서 왔니!"

"우리 아빠는 사실 이웃 마을에 사는 헤이조라는 사람이야"라고 대답하더랍니다. 점점 이상한 느낌이 든 누나가 계속 캐물으니, 료사쿠는 제발 엄마 아빠한테

---

*
血の池. '피 연못'이라는 뜻.
연못이 철분을 함유해 붉게
보인다고 해서 명명되었다.

는 말하지 말라는 단서를 달고 이야기를 시작했습니다.

"나는 이웃 마을 헤이조의 아들이었는데 여섯 살이 막 됐을 때 죽고 말았어. 여섯 살 때 죽은 나를 관에 넣고 자꾸자꾸 옮겨갔지.

십이 킬로미터쯤 가니까 땅을 파는 소리가 들렸는데, 곧 쿵! 하는 소리와 함께 나는 관째로 묻혀버렸어.

정신이 들고 보니 관이라고 생각했던 곳이 실은 밭 속이었어.

밭에는 노란 꽃이 한가득 피어 있고 어디에선가 자장가가 들려왔어.

그래서 내가 노란 꽃을 꺾으려고 하자 까마귀가 날아와서 방해를 하는 거야.

난 혼자서 터벅터벅 집을 향해 난 외길을 사흘 밤낮으로 걸었는데, 아무리 걷고 또 걸어도 집이 나오지 않았어. 막막해서 멍하니 있으니까 백발 머리 할아버지가 다가왔어.

'네 집은 저기다.'

처음 와본 마을의 집 한 채를 가리키며 말했어.

그 집이 바로 지금 사는 집이야. 나는 아궁이로 살짝 숨어 들어왔는데 그다음부터는 아무것도 기억이 안 나."

이야기를 들은 누나는 얼른 엄마한테 그 이야기를 했답니다.

"헛소리는!"

엄마는 코웃음을 치고 상대를 하지 않았죠.

그래서 누나가 몰래 한 번도 가본 적이 없는 이웃 마을을 찾아갔더니, 정말 헤이조라는 이름의 농부가 있고, 부부가 몇 년 전에 죽은 아이가 돌아오기를 기다리고 있다는 사실을 알게 됐다는 그런 얘기가 있습니다.

이와 비슷한 이야기가 『갑자야화甲子夜話』나 『무사시명승도회武蔵名勝圖會』에 가쓰고로의 전생 이야기로 실려 있다는 것을 나중에 『일본인 이야기日本人物語』라는 책을 읽고 알았다. 그래서 나는 이 기묘한 환생 이야기를 곰곰이 생각해봤는데, '엄마 배 속에서 태어났지만 엄마가 따로 있다'는 이 전생 사상이야말로 '집'이라는 제도를 향해 서민들이 날리는 '비판의 화살'이 아닐까!

나 역시 료사쿠처럼 어린 시절 밤에 문득 잠이 깨서, 머리맡에 있는 엄마를 가만히 보다가 그런 생각을 했다.

'이 사람이 내 친엄마인가? 진짜 엄마는 따로 있는 게 아닐까?'

환생했을지 모를 다른 엄마를 찾으러 나가려는 자세는 변혁의 이미지, 새로운 청년의 자각을 예감하게 된다.

나는 일부다처를 토대로 지금 일자다모제, 일자다부제를 생각해내고, 피로 이어진 혈연관계가 아닌 자신이 '선택한' 새로운 관계를 고민하고 있다. 그리고 부모도 '아이는 내 것'이라는 사고방식에 너무 집착하지 않도록 이런 '전생담' 읽기를 권한다.

왜냐하면 모든 관계는 항상 '있는' 것이 아니라 '만들어지는' 것이며, 부모와 자식의 문제도 결코 예외가 아니기 때문이다.

언제나 꾸는 꿈 외로운 꿈

> 달 밝은 밤 산 위
> 푸른빛에 젖어
> 우리 엄마 홀로 덩그러니
> 울며 불러도 아무 말 없고
> 바람에 흔들리는 것은 그림자뿐

사이조 야소西条八十의 이런 동요도 있지만, 이 '환상의 어머니'의 이미지가 현실의 엄마를 넘어설 때 '집'이라는 작은 집합체를 혈족의 감옥이라 생각하지 않을 수 있게 되지 않을까!

그리고 '엄마'란 언제나 환상이었다는 걸 떠올리기 바란다!

형제끼리 다투자

어린 시절, 모리 모토나리*의 '화살 세 자루' 이야기를 들은 적이 있다.

모토나리가 숨을 거두기 전에 세 아들을 불러 모으고 "이

---

*
毛利元就. 센고쿠 시대의
무장이자 주고쿠 지방
일대를 지배한 영주.
뛰어난 책략가로 유명했다.

화살을 꺾어보거라" 하니, 큰아들도 둘째 아들도 셋째 아들도 화살 한 자루는 쉽게 꺾을 수가 있었다. 그런데 화살 세 자루 다발은 아무도 꺾을 수가 없었다. 이렇게 '형제의 우애'야말로 무엇보다 중요하다는 교훈을 모토나리가 남겼다는 이야기이다.

그런데 나는 이 이야기를 들었을 때 괜한 반감이 생겼다. 그리고 '형제 셋이 힘을 합쳐서 가문의 이름을 드높여라'는 대목이 도무지 이해되지 않았다. 물론 '힘을 합치는' 일이 무의미하다는 건 아니다. 다만 꼭 왜 형제여야 할까! 친구나 선배나 다른 집 아이도 괜찮지 않나 하는 생각이 들었던 것이다. (물론 어렸던 내가 이런 대의명분에 반감을 느꼈던 데에는 이유가 있었다. 나는 외동이었다.)

그런데 형제가 힘을 합쳐서 가문의 명예를 드높인다는 사상에는 대가족제도의 피비린내 나는 애가심愛家心이 드러나 있다.

나는 '힘을 합칠' 상대는 공통된 이상, 공통된 이익 같은 것에 따라 스스로 선택해야 한다고 생각한다.

그런데 형제는 숙명적이라 스스로 선택해서 힘을 합치려

고 해도 선택할 수 있는 게 아니다. 그런 점에서 인간이 숙명을 거스르지 못하고 속박당했던 인내와 굴종의 역사를 느끼게 되는 것이다.

역사학자 구와다 다다치카桑田忠親는 『전국시대 무장의 편지』에서 무장 열 명의 편지를 소개했는데 그중에 모리 모토나리의 편지도 있었다. 편지를 읽다가 모토나리가 상상 이상으로 세 아들에 대한 집착이 강해 전문 14개 항목에 걸쳐 형제의 우애를 가르치는 편지를 썼다는 것을 알게 되었다.

물론 이런 부모 마음도 '결혼하고 분가해서 제 손으로 새 집안을 만든다'는 사상에 이르지 못했던 시대였으려니 하고 웃어넘기면 되겠지만, '삼 형제 사이가 터럭만큼이라도 벌어져서 안 좋아진다면 바로 멸망할 것'이라고까지 할 정도면 다소 정상을 벗어나 있다. 형제는 성인이 되면 각자의 판단에 따라 살아가게 되고, 그것은 부모 마음이 지배할 수 있는 영역이 아니다. 형제끼리 다툼을 하든 평생 절교를 하든 뭐 어떤가. 애초에 '집을 사랑하라'는 말이 성립하려면 반어적으로 '다른 집을 미워하라'는 말이 성립하게 되는 것이다. 그리고 자기 집이 소중하니까 남의 집이 좀 어려워도 상관없다는 정도의 이기주의는 대개 갖고 있겠지만, 자신이 지켜야 할 그 소중한 '집' 정도는 스스로 만들어야 하고, 태어나면서부터 가졌다면 어쩔 수 없이 사이좋게 평생 힘을 합쳐야 한다는 숙명을 받아들이게 된다.

나는 인간의 '집'이란 항상 핵분열하는 숙명을 가졌다고 생각한다. 자기 집이라는 것은 항상 1대로 끝나는 것이며, 그것은 서부의 초원에 사랑하는 아내와 둘이서 오두막을 짓고 시작하는 '창조'의 기쁨으로 넘치는 것이라고 생각한다.

따라서 모리 모토나리처럼 아들에게 "다른 집안이 잘되라고 바라는 자는 다른 나라는 물론이고 이 나라에 한 사람도 없을 것이다!"라고 훈계할 생각은 전혀 없다. '집'은 그런 어두운 인식을 통해 키워질 게 아니라, 더 밝은 형이상학적인 것으로서 지켜져야 한다. 요새 젊은이들은 예를 들어 십만 파운드의 재산을 가진 다른 집안 딸에게 키스를 하고 나서 이런 대화를 나눈다.

"너 나 사랑해?"

"사랑하지."

"얼마만큼 사랑해?"

"돈으로 치면 십만 파운드쯤. 그래, 십만 파운드 정도야!"

이것은 영국의 '앵그리 영 맨'* 작가인 존 브레인의 『꼭대기 방Room at the Top』 한 구절인데, 이런 식으로 다른 집의 값을 매기면서 분열하고 재편성되어가는 '집'을 모리 모토나리는 어떻게 생각할까!

'형제가 다투어야 한다'고 내가 주장하는 것은 그래야만 '집'의 이미지를 후천적으로 창조할 수 있다고 생각하기 때문이다.

갖지 않고 소유하기

'내가 대체 무엇을 갖고 있을까?' 하고 생각할 때가 있다. 예를 들어 나는 찰스 밍거스나 맬 왈드론의 모던재즈 레코드, 지나치게 스포티하지는 않은 셔츠 몇 장과 스웨터, 도심

---

*
Angry Young Man.
이차세계대전 뒤 영국의
젊은 세대 작가들이 일으킨
문학운동으로 기성의
제도에 대한 저항과 반발을
작품으로 표현해냈다.

의 싼 아파트와 오래된 복싱 잡지, 망가진 커피 글라인더를 갖고 있다. 좀처럼 표준어로 고쳐지지 않는 아오모리 사투리도 갖고 있고, 병력도, 아담스나 스타인버그의 만화책도 갖고 있다.

그러나 '갖고 있다'고 하지만 항상 손에 쥐고 있는 건 아니다.

마음 내킬 때 마음대로 할 수 있으니 '내 것'이라는 식으로 생각하는 정도다.

그러나 그런 의미라면, 나는 넓은 하늘 전체를 가졌고, 도쿄라는 도시도 가졌다고 할 수 있다. 즉 '마음 내킬 때 사용해도 누가 뭐라고 하지 않는다'는 의미라면 내 소유의 범위는 확 넓어지고, 특히 '내 것'이라 주장하지 않더라도 나는 아까 꼽은 것 말고도 셀 수 없이 많은 것들을 '가졌'으니, 바꿔 말하면 상당한 자산가라고 할 수 있다.

젊은 나이에 갑자기 죽은 이브 클랭Yves Klein이라는 프랑스 화가가 있는데, 지난번 마침 기회가 생겨 그의 일기 같은 16밀리 영상을 보게 되었다. 그는 굉장히 전위적이었고 파리 전부를 소유하고 있었다. 예를 들면 그는 영상 속에서 우리에게 미술 작품을 하나 보여주겠다고 한다.

잠시 뒤 화실에서 파란 커튼 한 장을 들춰 보여주는데, 커튼 뒤에 있던 것은 그가 그린 도시 파리 그림이 아니라, 진짜 도시 파리였다.

클랭은 커튼 아래로 빠져나와 도시로 나간 다음, 파리의 다양한 건물과 돌계단 위의 자기 그림자를 앵글에 담는다. 그리고 그렇게 움직이는 자신의 그림자와 파리 도시 자체가 '파리'라는 하나의 작품이 되는 것이다. (작품을 보면서 나는 클랭의 파리를 생각하는 동시에 나 자신의 파리에 대해 생각해봤는데, 소유의 본질은 원래 그런 게 아닐까.)

프랑스의 브레티니쉬르오르주에 사는 스물세 살 아가씨의 '갖는 것'에 대한 의견이 『아르Art』지에 실렸다.

"내 또래 젊은 세대들이 얼마나 쪼잔하고 야망이 없는지! 열심히 일해서 사하라사막 녹화 운동에 참여하기. LP 세트와 예쁜 아내와 착한 아이들을 가지기. 일주일에 한 번은 교양을 쌓으려고 애쓰기. 확실한 가치 (정직, 세탁기, 생텍쥐페리 등)를 선택하기. 휴, 역겨운 계획들! 이런 건 길든 가축이나 가질 이상이다. 세탁기를 중심에 놓고 어떻게 몽상을 하겠는가.

갖고 싶다, 갖고 싶다! 그들은 모든 것을 갖기를 바란다. 대체 그들에게 무엇인가를 위해 살고, 또 죽어야 하는 대상은 존재하지 않는 걸까!" (이쿠시마 료이치 번역)

이 불만은 1957년 프랑스 청년(주로 대학생)들에게 실시한 설문 조사 결과에 대한 비판인데 나도 적극 찬성하는 바이다.

(프랑스 청년들을 대상으로 한 설문 결과 존경하는 화가가 고흐와 피카소, 영화감독은 르네 클레르와 로베르 브레송이며, 가장 중요한 미덕은 정직, 성의. 그리고 베토벤과 바흐를 사랑한다는, 지극히 확실한 가치의 신봉자라는 것을 밝힌 것이었다.)

이 스물세 살 아가씨는 시인 로트레아몽이나 앙리 피셰트가 문제라고 하는데, 그 말은 사실 "소시민적 소유 감각에 철퇴를 내리쳐라!"는 주장으로 연결된다.

 내가 아까 꼽았듯이 자신이 '가진 것들'은 단순히 자신이 관리하고 있을 뿐이며, 심지어 그것만 비교한다면 누구라도 박물관 경비원보다 더 많이 '가질' 수 없을 것이다.

 쪼잔한 소유 단위로서 '집'을 생각한다면 '집' 따위는 버리는 게 낫다. 시체 안치소의 경비원이 되느니 도시 군중 전체를 '소유'하는 게 훨씬 인생에 참여하는 의미가 있다.

 오히려 '집' 밖에서 얼마만큼 많은 것을 '가지는 것'이 가능한가에 따라 그 사람의 시인으로서의 천성이 정해지며, 새로운 가치를 만들어낼 수 있다는 걸 아는 게 중요하다.

이의 철학

 공수口寄せ란 무녀의 입을 빌려서 죽은 사람과 이야기하는 것을 말한다.

오소레산 무녀 축제에 가면 죽은 사람 누구와도 이야기를 할 수 있다. 예를 들면 매릴린 먼로와 철학을 논할 수도 있다. 그래서 아오모리에서 지낼 때 지역 사람들이 다양한 죽은 사람과 대화하는 것을 들었다.

 그 대화는 모두 유머와 비참함이 뒤섞여 있었고, 이를 산 사람들과의 커뮤니케이션에 절망한 지방 농민들이 유일한 대화 상대로 죽은 사람을 선택했다는 어두운 농민사의 소산이라고 볼 수도 있지만, 그러나 실상은 아주 활력이 넘치는 건강한 행위였다.

 칠 년 전에 굶어 죽었다는 아들과 이야기를 하러 간 여성은 공수하는 무녀와 죽은 아들의 경계가 사라지자 늙은 눈먼 무녀를 끌어안고 엉엉 울음을 터트린다. 그런 광경도 상당히 보기 좋지만, 더 좋은 건 공수가 끝나자 무녀와 나란히 앉은 여성이 천연덕스럽게 주먹밥을 한입 가득 물고 "아이고, 후련하다" 농담을 하며 마치 오르가슴 뒤의 후련한 표정을 짓는 광경이다.

 이렇게 의식을 받아들이는 감각은 그녀들의 인생에서 형이상학을 점점 키울 것이고, 나는 이런 측면에서 토착형 야

외극의 개념을 이해할 수 있을 것 같았다.

옛날 장님들이 빠른 말로 들려주는 구비문학 중에 「이의 공수」라는 것이 있다. 무덤 앞에서 추는 사자춤에 곁들이는 노래로 야마부시카구라*에서도 부른다. 이 노래는 죽은 해충 '이'가 살아 있는 농사꾼을 향해 노래한 블루스 같은 형식인데, 실은 은유를 이용한 농민 자신의 블루스이기도 하다. (여기서 나는 당연히 이를 가리킨다.)

> 나도 이승에 있을 때는
> 천 마리 이천 마리 함께 돌아다녔건만
> 지금은 덧없는 저승 신세가
> 되어버렸소
> 내가 태어났을 때의 애환을 말하자면
> (…)
> 화전 위나 아래 두렁 근처에
> 괭이와 흙망치로 오두막을 지어서
> 여기에 보리 껍질 지붕을 얹고

---

*
山伏神樂. 수도승들이
사자탈을 쓰고 돌아다니며
사자놀이를 하고 액을
막아주는 제사 가무.

아이가 싼 소변 묻은 속옷을
길가에 매달아주소

 중략한 부분은 이의 고생담을 서술한 대목이라 길어지는데, 중략 이하는 이가 자신의 바람을 말하는 게 아닐까? 다시 말해 열심히 일했지만, 일할수록 그의 존재가 사회에 손해를 끼쳐 지옥에서 받을 시련이 무거워졌다는 말이다.
 여기서 이의 노동이 지옥에서 받는 시련의 바로미터가 된다는 사고방식은 스스로의 존재에 대해, 그것도 자신의 직업을 통해 존재에 대한 의문을 제기하고 있다. 그리고 앞에서 말한 무녀의 공수 역시 같은 형식으로 다시 표현된다면 의외로 깊은 통한이 바탕에 깔려 있다는 걸 알 수 있을 것이다.
 앞서 말한 오소레산 기슭의 여성과 이 가사에 나오는 이 사이에는 웃음과 슬픔의 정도에 큰 차이가 있는데 그것은 이의 공수가 회고적이고 더욱이 한탄적이라는 점이다. (애초에 이를 빙자한 농민 자신의 블루스도, 야마부시카구라처럼 역동적으로 노래를 불러 젖힌다면 그런 다음에는 후련해져서 자신의 직업에 확신을 갖게 될지도 모른다. 그러나 나에게 「이의 공수」를 가르쳐준 농촌 청년은 결국 '이'로 살기를 그만두고 지금은 도쿄에서 로커빌리* 밴드의 밴드맨이 되었다.)

도호쿠 지방에서는 혈족 범죄와 친족 살해가 실제로 많이 일어나는데, 나는 '아이의 소변이 묻은 속옷'에 모여 자신의 숙명을 한탄하기보다는 싫으면 싫은 대로 얼른얼른 집을 나가면 된다고 생각한다.

본래 사람이 열일곱 살 넘어 부모 슬하에서 정신적 경제적으로 얹혀사는 것은 이보다도 못한 짓이다. 농촌에서 튼실한 무 농사를 짓든, 도회지로 나가 노동자가 되든, '가출'을 도피가 아닌 출발이라고 굳게 믿을 힘만 기른다면, 다시 한탄할 일은 없을 것이다. 나는 자신의 존재를 객관적으로 응시하며 '내가 누구인가'를 아는 것이 먼저 마음의 가출이고, 그러고 나서야 비로소 이러한 공수를 현실과 서로 나누어 가질 수 있다고 생각한다.

*
로큰롤과 컨트리 음악이
혼합된 장르.

『인형의 집』을 나온 사람

입센의 『인형의 집』은 주인공 노라가 가출하며 끝난다.
"아내로서, 엄마로서 의무를 뿌리치고 남편과 자식을 버리고 갈 거요?"
이렇게 말하는 남편 헤르마에게 노라가 대답한다.
"우선 한 사람의 인간으로 살고 싶어요!"
그러고 짐 가방을 들고 나간다. 이 가출극이 1879년 코펜하겐에서 초연되자 금세 큰 반향을 일으켰다. 여성해방론자는 박수갈채를 보냈고 반대론자는 사교계에서 이 작품을 화제로 삼는 것조차 금기시했다는 일화가 있다. 그러면 대체 『인형의 집』의 노라는 가출 후에 어떻게 되었을지 생각해보자.

작가인 입센은 노라의 행방, 장래에 대해 상당히 절망적이었는데, 여성단체에도 "여성의 권리를 위해 노력하자고 희곡을 쓴 게 아니다"라고 밝혔다.
그리고 오늘날 평론가들도 "오히려 노라는 경박하게 묘

사되어 있고, 그녀의 미래는 파멸하는 것으로 정해져 있었다"고 보는 것이 작품에 대한 통념으로 자리 잡았다. 예를 들면 루쉰은 수필 「노라는 가출한 뒤 어떻게 되었을까」에서 아마 매춘부가 되었을 것이라고 단언하며, 노라의 경우 가출이야말로 전락의 시작이었다고 비웃었다. (루쉰의 주장은 결국 한 가정에서의 남편과 아내의 경제적 자립을 설명하며, 경제력이 없으면 '한 사람 몫의 인간으로서 살아갈 수 없다'는 지극히 당연한 말을 한 것이다.)

이 인형의 집에 대해, 내가 아는 한 청소년은 "받을 건 받아야 하니까 몰래 재산을 빼돌리면 안 되나?" 하는 의견을 냈고, 한 노인은 "노라는 자각을 하지 않는 게 나았을 거다!"라고 했다.
그러나 대부분의 의견과는 반대로 나는 '노라는 그러길 잘했다'고 생각한다.

노라와 헤르마 두 사람의 '집'은 작품 제목이 말해주듯이, 두 사람이 창조해서 생긴 '집'이 아니라 불행한 시대에 선천적으로 존재했던 '집'이었다.

그러나 본래 '집'이란 '존재'하는 것이 아닌 '형성'하는 것이므로, 노라가 남편과 자식을 버리고 가출했다 하더라도, 그것은 인형 남편과 인형 자식일 뿐이었다고 할 수 있다. 자각을 하기 전의 너무 빠른 결혼에 대한 책임은 당연히 헤르마와 노라 양쪽에 있으니, 따라서 나는 '집을 나가 돈이 없으면 매춘부가 되어도 괜찮다'고 생각한다.

노라가 자발적으로 아주 쾌활한 거리의 매춘부가 되었다고 치자. 어쨌든 그녀는 미인이니 길 가는 남자들이 내버려 두지 않을 것이다.

그중에는 "아니, 당신은 헤르마의 전 부인 아니오"라며 안면이 있는 손님도 있을 수 있고, 어쩌면 재혼 기회가 생길지도 모른다. 중요한 것은 노라가 '인간으로서 살기' 위해서는 지금까지 자신을 인형으로 취급했던 헤르마 집안과 자신을 일단 완전히 단절해야 한다.

루쉰이 생각하듯이 경제적으로 자립한 부부란 '한 인간으로서 살아온 남녀'만이 가능할지도 모른다.

그래서 집을 나가지 않아도 헤르마 집안에서 한 인간으로서 살 수 있지 않냐는 충고 따위에 귀를 기울이지 않고, 단호히 뛰쳐나가는 대목에서 '인간으로서 살고 싶은' 노라의 독특함을 찾아볼 수 있었고, 이 작품의 재미를 발견할 수 있었다고 나는 생각한다.

노라가 매춘부가 되어도 괜찮지 않을까. 매춘부도 제 나름의 인생은 있고, 직업소개소 앞에서 짐 가방을 들고 서 있는 생기 넘치는 노라를 상상하는 것도 결코 절망적이지 않다.

이 경우 '집'이 먼저냐 '사람'이 먼저냐는 의문은 터무니없다. 왜냐하면 인간 없이 집이 있을 수가 없다는 분명한 답 앞에 노라는 그 '인간이 되기' 위해 가출을 했기 때문이다.

노라가 매릴린 먼로를 닮은 사랑스러운 창녀가 되어, 언젠가 완성될 자신의 집을 상상하며 꼬박꼬박 저축하는 데까지 영역을 확대해서 생각하지 않는 한, 그녀가 진정한 행복을 찾을 거라고 예상하기란 불가능하다. 그것은 '여성해방'이라는 대의명분과는 다른 지극히 소박한 한 인간으로서의 권리라고, 나는 노라에 대해 생각한다.

달팽이의 가출

나는 소년 시절 달팽이를 반만 좋아했다.

그 반은 달팽이가 자신의 육체 일부를 '집'으로 삼고 있다는 편안함과 '집'이란 게 제도가 아니라 지극히 구체적인 껍질이라는 점이었다.

그리고 나머지 반(좋아할 수 없는 부분)은 달팽이가 자기 힘으로 '집'을 바꿀 수 없다는 점과 한 '집'에 항상 자신밖에 들어갈 수 없다는 점이었다.

지바현의 해안가에서는 "이모네 집에 불이 났으니 몽둥이 들고 나오너라 달팽이야"라는 노래를 부른다는데, 이 달팽이의 1인 1가 형태와 일본인들이 가진 '집'의 이미지를 중첩시켜 생각해보는 것도 의미가 있을 것이다.

> 달팽이야
> 부모님 베개에 불이 붙었다
> 어서 나와 꺼라 (이시카와현)
> 드르륵 드르륵 뿔을 내밀어라

할아버지도 할머니도 다 탄다
어서 나와 물을 뿌려라 (도쿠시마현)

  이런 동요에는 1인 1가의 사상을 실현하고 있는 달팽이를 비난하는 어투가 엿보여서 조금 흥미롭다. 즉, 지방 농민들에게 가족이란 항상 가장 밑에 모여 선조의 불단佛壇을 지키며 공동생활을 하는 것이었으니, 혼자 자기만의 집을 지키는 달팽이를 무의식 속에 도덕적으로 비난하는 마음을 갖고 있었나 보다.
  그러나 그와 동시에 완고하리만큼 자신의 '집'을 자신만의 것으로 삼고 있던 달팽이에게 질투와 선망의 마음을 갖고 있었다.

    와우蝸牛, 달팽이야
    백 전을 줄 테니
    더듬이를 내밀어 보여라 보여라 (아키타현)
    달팽이야, 달팽이야, 뿔을 내놓아라
    강가의 할머니가 콩을 볶아주신단다 (고치현)

이런 노래에는 어떻게든 달팽이 기분을 좋게 해서 자신들과도 잘 지내고 싶다는 마음이 드러나 있는 것 같다. 소년 시절을 도호쿠 지방에서 자란 나도 달팽이를 부러워하며 어두운 '집'에서 뿔도 내놓지 못하는 나날을 보내고 있었다. 그리고 등산가가 침낭 하나 들고 산으로 달려가듯이, '등에 천으로 된 집을 하나 메고 생활할 수 있다면 얼마나 근사할까!'라고 생각한 적도 있었다.

소년 시절 노트에 적었던 시집인 『나의 곤충기』에서 달팽이는 보헤미안처럼 등장하는데, 그건 아마 당시의 내 심정이 반영되었던 것일지 모른다.

그러나 지금 생각해보면 달팽이는 보헤미안이 아니었다. 그러기는커녕 지극히 고지식하고 괴팍한 '집' 제도를 고수하는 고독한 존재였다. 가장 큰 증거로 달팽이는 가출할 수 없지 않은가.

달팽이에게 '집'이란 숙명 같은 것이다. 집을 숙명적인 존재라고 생각하는 농촌 청년들과는 많이 다르다. 농촌 청년은 모든 것을 희생하고 가출하려고 결심하면 완전히 바뀔 수도 있지만, 달팽이는 껍질을 나온 순간 달팽이로서의 매력을 잃어버리게 된다. '집'은 빼도 박도 못하게 달팽이의 살 위에 존재하는 것이다.

그러나 집은 '존재'하는 것이 아닌 '형성'하는 것이다. 마레크 플라스코*의 『8요일』의 연인들처럼, 자신들의 공통된 이념을 눈에 보이는 형태로 창조해가는 것이지 타인으로부터 주어진 건 결코 아니었다.

그런데 내가 이런 이야기를 쓰게 된 것은 오늘 비가 왔기 때문이다. 서재에서 보니 비 내리는 정원 잔디 위를 어린 달팽이 한 마리가 기어가고 있다. 가만히 그것을 보고 있으면 내 소년 시절 친구들의 얼굴이 여럿 떠오른다.

친구들 역시 어두운 '집' 안에서 웅크리고 있을까. 아니면 '집'을 다시 만들고 도시를 경멸하면서 착하고 강한 청년으로 성장했을까? 그렇게 생각하자 잔디의 푸르름이 괜스레 마음에 스며들어, 시인이 되려고 우에노행 기차에 올라탔던 십 년 전의 나 자신이 떠오른다.

---

*
Marek Flasko. 폴란드의 작가.

다정한 것은 껍질 투명하기만 한 달팽이런가
―야마구치 세이시*

대책 없이 뛰어라

지금으로부터 육칠 년 전에 마키 후지오眞木不二夫가 「도쿄에 가자」라는 가요를 불러 큰 인기를 끈 적이 있다.

그런데 이 곡은 발매 후 얼마 지나지 않아 "가출을 조장할 뿐 아니라 풍속을 문란하게 한다"는 이유로 발매금지가 되어버렸다. 라디오에서도 물론이고 이 곡이 전파를 타면 안 됐다.

그래서 이 히트곡에서 무엇이 잘못된 건지, 어디가 잘못된 건지 들어보니 가사에 "도쿄에 가자! 가면 가는 대로 어떻게 되겠지"라는 후렴이 나오는데 그게 가출을 무책임하게 선동하므로 유해하다는 것이었다.

그러나 나는 '가면 가는 대로 어떻게든 된다'는 에너지를 인식으로 확립하는 것이야말로 중요하다는 생각이 든다.

---

*
山口誓子. 하이쿠 시인.

지방 농촌에는 상행 열차의 기적 소리를 들으며 도쿄 즉 '양지바른 곳'을 꿈꾸고 동경하면서도 행동으로 옮길 에너지를 갖지 못해 주저앉아 있는 젊은이들이 많다. 그들에게 '거기에 가만히 있으라'고 설득하는 것은 농본주의 입장에서 정치적 유용성은 있어도, 인간성을 복권하는 원칙에서 보면 유해하지 않을까.

그 후 같은 레코드사 테이치크에서는 가출 방지를 위해 오지 하루미大路はるみ의 「나는 도쿄에 왔지만」이라는 곡을 내놓았다. 그러나 곡은 테이치크가 적극적으로 홍보를 했음에도 매출이 별로 짭짤하지 않았다.

왜냐하면 이 곡은 지방의 젊은이들에게 '바람직한 현실'이 아니었기 때문이다.

현실에는 항상 두 가지가 있다. 하나는 '있는 그대로의 현실'이고 다른 하나는 '바람직한 현실'이다. 사람이 노래나 문학에서 발견하려는 것은 항상 '바람직한 현실'로 가는 발판이다. 지금 청년들은 '바람직한 현실'인 도쿄를 동경하고 있는데 도쿄에 오지 말라는 노래를 유행시켜봤자 될 리가 없다. (오지 하루미의 노래는 "나는 도쿄에 왔지만 여기를 보고 저기를 봐도 늑대뿐이니 얼른 시골로 가고 싶다"는 굉장히 소극적인 내용이었다.)

그래서 나는 생각했다. 도대체 모두 도쿄에 오고 싶어 하는데 '가출'이라는 개인적 영역에 개입해서까지 지방 청년들을 도쿄에서 차단하려는 이유는 무엇일까?

'가면 가는 대로 어떻게든 되는데' 가지 말라는 건 왜일까? (당시 나도 아직 미성년자였고 지방에서 웅크리고 있었는데 실제로 나와보니 어떻게든 된 한 사람이다.) 그래서 그 문제를 골똘히 생각해보니까 도쿄는 인구 과잉 상태라 지금보다 사람이 늘면 곤란하다는 점, 도시를 동경해서 나온 가출 소년 소녀를 기다렸다가 인신매매를 하거나 부당 노동으로 몰아넣는 '늑대'들이 있어서 위험하다는 점으로 좁혀진다.

그러나 잘 생각해보면 이 두 가지 중 인구 문제는 단순히 도쿄 사람의 이기주의와 기존 주민의 오만한 배타성에 불과하다는 것을 금방 알 수 있다.

싸워서 진 사람이 '양지바른 곳'을 떠나면 될 일이다. 그러면 이건 논외로 하고 이제 '늑대' 문제만 남게 된다. 물론

이 '늑대' 문제는 지극히 중요한데, '도쿄에 오지 못하게 하기' 위한 직접적인 원인이라고는 생각되지 않는다. 왜냐하면 문제는 속이는 '늑대'가 나쁜 거지, 속는 '가출한 사람'이 나쁜 게 아니다. 경찰은 늑대몰이를 하면 되지, 늑대몰이가 잘 안 된다고 양몰이를 한다면 앞뒤가 이만저만 뒤바뀐 게 아니다.

나는 같은 세대의 모든 젊은이는 마땅히 한 번은 가출을 해야 한다고 생각한다. 가출해보고 '집'의 의미와 가족 내의 자신에 대해 객관적 시각을 가질 수 있는 젊은이도 있을 거고, '집'을 나와 혼자가 됨으로써, 도쿄의 파친코 가게의 다락방에서 로빈슨 크루소 같은 생활을 하며 자신을 만들어 갈 수도 있을 것이다.

조폭이 되는 것도 가수가 되는 것도 스포츠맨이 되는 것도, 뭐든 우선 '가출'에서부터 시작해볼 일이다.

"도쿄에 가자, 가면 가는 대로 어떻게든 되겠지." 맞다, 정말로 '가면 가는 대로 어떻게든 되게' 되어 있다.

가출론

 이제는 가출을 하려 해도 '집'이란 게 없지 않느냐는 생각이 일반화된 것 같다. '집'이 우리에게 속박일 때에는 그것으로부터의 해방은 생각을 깨는 도끼일 수 있었으나, 처음부터 무너져버린 '집'에서 나와봤자 무슨 소용일까.

 1938년에 오그번 박사*는 '집'에서 해낼 수 있는 기능을 일곱 가지로 분류하고, 그것을 경제, 신분 부여, 교육, 종교, 오락, 보호, 애정 기능으로 정의했다. 그중 여섯 개까지는 '집' 안에서 역할의 의미를 잃어버렸고, 이제 일곱 번째인 애정적 기능만 남았다. 그러나 자아형성기의 소년이 가출할 결심을 하게 되는 동기는 '집'의 일곱 가지 기능이 갖추어져 있었던 때나 지금이나, 이 일곱 번째 애정 기능의 단절이라는 사실을 떠올려본다면, 가령 '집'이 그 형체를 유지하지 않더라도 부모가 있는 한, 사람은 영원히 가출을 반복할 거라는 게 내 생각이다. 일곱 가지 기능 중에 여섯 가지는 정치적 변혁을 통해 개인의 영역을 확장함으로써 해방을 할 수 있다. 그것은 법적 자료를 봐도 분명하며, 부계 권

---

*
W. F. Ogburn. 미국의
사회학자.

위체제에서 점차 "양성평등에 입각한 양계 가정 체제로의 변화와 진전"(헤르마 힐 케이,* 『가족을 대체하는 것』)하는 경향에서도 뚜렷이 드러난다.

도대체 정치를 통한 해방이 어머니와 아들 사이의 관계를 끊는 데 어떻게 유효할까? 사회사적으로 해체되어도 계속 엄존하는 '환상 속의 집'을 부정하려면 그것이 환상인 이상 환상 속에서 파괴해야 한다는 생각이 언제까지나 내 머리를 떠나지 않는다.

소년 시절에 나는 자주 '가족 맞추기'라는 게임을 하며 놀았다. 그것은 51이라는 트럼프 카드 게임과 규칙이 비슷한데, 세트로 되어 있는 카드를 빨리 맞추는 사람이 이기는 단순한 게임이다. 다만 51과 다른 것은 카드가 숫자가 아니라 사람 이름이라는 점이다.

곤노 세이키치네 집, 다미오 마모루네 집 이런 식으로 다섯 가족이 있고, 각각 아빠 카드, 엄마 카드, 형 카드, 누나 카드가 들어 있어서, 다섯 가족이면 아빠 다섯 장, 엄마 다섯 장, 형 다섯 장, 누나 다섯 장이 되는데, 이 카드들을 잘

---

* Herma Hill Kay. 미국의 법학자. 가족법과 국제사법 분야 전문가로, 여성과 사회적 약자의 권리 향상에 힘썼다.

섞어서 나눠 갖는다. 참가자는 자신이 가진 곤노 가족의 아버지와 다미오 가족의 엄마가 짝이 되는 확률적 불륜을 정리해서 조금이라도 빨리 '한 가족'을 완성하면 이긴다. 차례가 돌아올 때마다 그 카드를 들고 있을 것 같은 사람을 추측해서 '곤노 세이키치 가족의 엄마를 달라'거나 '다미오 마모루 가족의 형을 달라'고 지명한다. 카드를 가진 사람은 지명된 카드를 넘겨줘야 하는데, 없는 카드를 요구받았을 때는 반대로 자신이 지명을 할 수 있다. 연락선 기적 소리가 들리는 어두운 인입선引入線 차고 안에서 우리는 온종일 이 카드놀이에 열중하며 때로는 한 가족을 모두 모으는 대신 다섯 가족의 엄마만을 모으는 음울한 즐거움에 빠지기도 했다.

그 무렵의 나는 규슈의 탄광촌에 간 엄마와 생이별한 상태라 '엄마를 달라' '형을 달라' 카드를 요구하는 게 그대로 실제 인생에서 부족한 카드를 찾는 목소리가 되어 이시도마루*의 감정을 스멀스멀 맛보고 있었다. 엄마, 아빠, 형, 누나가 모여야 끝이 나는 '가족 맞추기' 게임의 교훈은 도대체 무엇이었을까? 다자이 오사무는 소설에서 이렇게 썼다.

---

*
石童丸. 출가한 아버지를
찾아 헤매다 자신을
부정하는 아버지
밑에서 수도승이 되는
'이시도마루'라는 아이의
전설.

산을 넘고 바다를 건너 엄마 찾아 삼만 리
걸어서 도착한 나라 끝의 모래 언덕 위에
화려한 축제가 열리고 있더라

  축제를 즐기는 군중 속에서 작고 붉은 사마귀가 있는 '길러준 부모'*를 찾아내야 한다며 '가족 맞추기'의 규칙을 실제 인생에서 적용하기도 하는데, 그러나 이런 게임의 성쇠와는 별개로 실제 사회는 가족이 뿔뿔이 흩어지는 시대가 시작되고 있었다.
  실제로는 아주 옛날부터 '가족 맞추기'는 집 밖으로 밀려났고, 추운 북방의 농촌에서는 태어나는 아이를 '가족에서 제외'하기 위한 영아 살해, 영아 솎아 내기가 일어나고 있었다. 그 사실을 나에게 알려준 사람은 시마바라島原에서 온 하녀 히사였다. 마쓰나가 고이치松永伍一의 『일본의 자장가』에 따르면 살해 방법도 질식법, 액살법, 압살법, 박살법撲殺法, 독살법 등 다양했다는데, 히사가 알려준 것은 오래된 지방신문 『도오일보東奧日報』에 말아서 맞바람을 내놓고 동사시키는 방법, 똥통에 거적째 던져 넣는 방법 등, 치졸하고

---

*
다자이 오사무의 장편소설
『쓰가루』에 등장하는
유모에게 붉은 사마귀가
있었고, 유모를 엄마처럼
생각한 주인공이 유모를
찾아다닌다.

잔혹한 것들뿐이었다. 나도 어린 시절에 나뭇잎 배를 띄우고 놀다가

"저기 봐, 가나코*다."

누가 가리키는 바람에, 사람 형체를 한 거적 말이가 흘러가는 것을 본 기억이 있다. '가나코, 미즈코, 나가레보토케'라는 말은 가족으로부터 '솎아 내기'를 당해 수장된 아기를 가리키는 표현이며, 이때가 어머니가 저지른 범죄를 본 최초의 경험이었다.

> 고양이 배에 새끼가 있다
> 사내애라면 구하고
> 계집애라면 밟아버려라

이와테현의 자장가도 "고양이님, 고양이님, 용서하세요"라고 사과를 하며 끝나는데, 정월에 난로 옆에서 아이들이 '가족 맞추기'를 하는 동안, 지옥으로 내쳐져버린 태어나지 못한 누나와 여동생 들에 대한 노래라는 것을 알고 나는 전율했다. '가족 맞추기'의 규칙은 근대사회가 확립되기 전부

---

*
죽은 아기.

터 깨져버렸던 것이다.

그러나 이런 규칙 위반은 일방적으로 부모들만 저질렀던 것은 아니다. 가난과 노동력 부족에 골머리를 앓던 농촌에서는 태어날 아기뿐 아니라, 죽지 못해 사는 노모나 노부도 입 줄이기 대상이 되었고 '쓸모가 없어진' 부모를 산에 버려 까마귀 밥이 되게 하는 고려장 전설이 지금도 전해 내려오고 있다.

'영아 살해'나 '고려장'에서 볼 수 있는 잉여 가족 끊어 내기는 동시에 혈연에 대한 심한 애증을 우리에게 불어넣었다. 축제의 춤과 음악을 즐기는 군중 속에서 웅크린 엄마의 나막신에 떨어지는 생리의 '붉은 꽃'과 나라는 존재의 관계를 생각하는 게 바로 가세가 기운 환상의 집을 의식하는 것이었던 열다섯의 나. "이제 혼자서 살 수 있으니, 도쿄로 보내 달라"고 하자, 탄광촌에서 집으로 돌아와 있던 엄마는 재단 가위를 들고 나에게 달려들며 "도망칠 거면 죽여버리겠다"고 말했다. 엄마는 "너를 키우는 게 나라에 대한 책임"이라고 했지만, 실제로는 나를 한 인간으로 보지 않고 자기의 분신이라고 생각했던 것 같다. 그것은 한 지붕 아래에는 오직 한 명의 인간만 살아야 한다는 엄마 세대의 신앙이기도 했다. 몸은 여러 개여도 마음은 하나라는 것이 어머니의 말버릇이었다. 그리고 엄마에게 '집'의 의미는 그저 애정 기능에서 다른 가치관으로 대체되었을 뿐이다.

물론 어머니가 '집을 위해'라는 것을 '나라를 위해'라고 바꿔 말한 데에 이유가 없는 건 아니다. 이차세계대전 전의 천황을 중심으로 한 일본에서, '국가'와 '집'은 같은 가치로 놓여 있었고, 국가가 본가이고 가족이 분가라는 사고방식이 충효의 연속선상에 존재하고 있었다. 내가 태어난 해에 간행된 문부성의 『국체의 본의國體の本義』는 이렇게 서술되어 있다.

> 일본의 효孝는 인류와 자연의 관계를 더욱 심화하고, 국체에 잘 합치하는 것에 진정한 특색이 있다. 일본은 하나의 대가족 국가이며 황실은 인민의 종가이시며, 국가 생활의 중심이시다. 신민臣民은 선조에 대한 경모敬慕의 정으로써 종가를 숭경하며 천황은 신민을 아이로 생각하고 사랑해주시는 것이다. 일본에서는 충을 떼어

놓고 효는 존재하지 않으며 효가 충을 그 근본으로 삼고 있다.

여기에서 충과 효를 가치 좌표축의 가로세로에 위치시키기를 거부하고 동일하게 취급하는 데에는 상당히 중요한 의도가 숨겨져 있다. 즉 엄마가 '가출'을 제지하는 논리의 밑바닥에는 한 사람의 아들의 조국 상실을 경계한다는 대의명분이 있었고, 그것을 보장해주고 있었던 것이 이차 세계대전 전의 천황제 국가였기 때문이다. 실제로 어머니에게 '집'은 자식을 언제까지나 붙잡아둘 그릇에 불과했지만, 그 효 윤리의 근저에는 '혈족 영속의 목적', 즉 국가로서의 집의 환상이 감춰져 있었던 것이다. 그것은 "국민인 자는 개인의 이해를 돌아보지 않고 국가 영원의 목적을 이루도록 해야 하는 것은 당연한 도리이다"(메이지 말기 국정교과서 『수신修身』)라는 글에서 국가를 그대로 혈족으로 치환하고, 그 원근법의 트릭을 이용해 '집'에 대한 정착을 의무화하려는 부모들의 두 평 남짓한 '국체의 본의'라도 되는가 보다.

가출이라 해도 고작해야 엄마의 생리혈 몇 방울을 닦아 내는 정도로밖에 생각하지 않는 자식 세대와 '국가를 잃을' 정도로 경악을 느끼는 어머니 세대 사이에는 굉장히 큰 평가의 차이가 있다고 나는 생각했다. 소설 『집』을 쓰고 평생 가부장제도의 망령과 대결했던 시마자키 도손島崎藤村의 근대주의도 결국은 '집' 그 자체를 부르주아적인 개인주의 이론의 대척점에 둘 뿐이며, '집'을 나와도, 대가족제도를 극복해도, 애정 기능의 구속과는 대결하려고 하지 않았다. 그러나 '감옥에서 몸부림치던 고이즈미 다다히로*'와 우리를 같다고 느끼도록 어둡게 짓누르는 '집 사상'은 이미 소실되었고, 남은 것은 가장 마지막의 애정적 기능뿐이다.

더욱이 그 애정은 저절로 만나서 형성된 것이 아니라 처음부터 있던 것, 즉 아 프리오리적인ª priori 것이다.

    목수마을 쌀마을 절마을 부처마을 / 노모를 사 가는 마을은 없으려나 제비여

잘 생각해보면 『국체의 본의』는 틀리지 않았을지도 모른

---

*
시마자키 도손의 소설
『집』의 등장인물. 작가의
아버지가 모델이다.

다. 집이라는 단위는 구조적으로는 매우 정치적이고 신분과 경제 측면은 가부장제 속에서 '아버지'라는 수장에게 위임되어 있었다. 집 안에는 항상 계급이 있고, 아버지는 항상 족자가 걸린 객실에 앉아 있었다. 그리고 또 교육은 '집'에서 '학교'로 위탁되었고, 종교도 이윽고 '집' 단위에서 마을 공동체 단위, 신앙단체 단위로 집을 떠나갔다.

오락은 주로 텔레비전이 맡아주고 있는데, '집에서 부모와 자식은 하루에 몇 분 대화를 나누나?'(『선데이 마이니치』 조사)라는 설문지 응답에서 나온 결과가 하루 2분이라는 숫자이다. 이미 '가족이 모여 오붓하게'라는 말은 죽어버렸고, 오락은 '집' 밖의 카바레나 유흥업소, 야구장이나 클럽에서 찾게 되었다. 심야영화관에서 다카쿠라 겐의 교도소 이야기를 보거나, 경마장에서 '2분이 채 안 되는 한순간의 영원'에 인생을 걸기도 하고, 단란주점에서 바지 지퍼를 내리고 하마처럼 좋아하는 남자들에게도 돌아갈 집은 있다. 다만 '집'은 있어도 마음이 편하지 않아 취하면 입버릇처럼 계속 노래하는 것이다. "집에 가기 무서워." "집에 가기 무서워." "집에 가기 무서워."

그러나 작은 국가로서의 '집'은 점점 큰 국가의 개혁 논리에 흡수되면서 남은 일곱 번째의 비정치적 규정에 따른 '집'만이 가출의 대상이 되기 시작한 것 같다. 가출은 이미 청년의 에고이즘의 발견도, 근대화를 위한 탈출도 아니고 협죽도 꽃밭에 한 방울 떨어진 어머니의 피의 문제에 불과하게 되어버렸다. 그것은 쓰게 요시하루つげ義春 만화의 세계이며, 동시에 가수 미카미 간의 포크송이나 '자장가 민요'의 세계이기도 하다.

사회적으로 '집'이 붕괴되어 가면 갈수록 영혼의 '가족 맞추기'가 아파트 단지나 지방 소도시에서 유행하는 것은 말하자면 혈연을 통해 상황을 되돌리려는 시도이며, '로즈메리의 아기'*를 노리는 운명 공동체의 음모라고도 할 것이다.

물론 '집'을 부모 자식이라는 세로축으로만 파악하려는 것은 잘못되었다. 붕괴하기 시작한 것은 부부가 만든 '집'이기도 하기 때문이다. 인간이 제도(모권제든 가부장제든)로부터 해방되면서, 제도를 대신해 다른 인간에게 배속시키려는 사고방식은 잘못되었다. 그리고 그 잘못된 사고방식

---

*
Rosemary's Baby. 아이라 레빈Ira Levin의 소설. 남편과 함께 아파트로 이사 온 로즈메리가 이웃의 함정에 빠져 악마의 씨를 잉태하고, 악마의 씨인 로즈메리의 아기를 차지하려는 이웃들의 음모를 그린 작품이다. 로만 폴란스키 감독이 동명의 영화로 제작했다.

으로 인한 왜곡은 세계 각지에 영향을 미치고 있다. 예를 들면 캘리포니아대학에서 열린 심포지엄 중에서 '집'에 관한 질의응답이 내 눈길을 끌었다.

> **질문** 1949년 이전의 중국에서 첩을 들이는 풍습이 가정이나 혈연제도에서 한 역할은 무엇이었을까요?
>
> **호우 교수** 우리는 통계에 관심을 가져야 합니다. 한 명 이상의 아내를 맞을 여유가 있는 큰 부자는 어느 시대에나 전체 인구로 보면 극히 소수의 예였죠. 그래도 1931년의 민법에서는 몇 가지 예외를 인정했습니다. 즉, 첩이 이미 가족으로 생활하고 인정을 받는 경우에는 그 권리가 인정된 것입니다.
>
> 하지만 1949년 이후에 첩을 들이는 것은 엄격히 금지되었습니다. 현재는 남녀평등 성도덕이 엄격해져서, 중국인은 공산주의자 즉 엄격한 유교도의 민족이라고도 불릴 정도입니다.

첩은 금지되었다지만 첩을 갖고 싶은 남자의 욕망도 사라졌을까? '잠에서 깨려다가 다시 다른 잠 속으로 떨어져버리는' 무미건조한 적막감! 일부일처제에 의해 형성되는 '집'에 대한 의심이 질서의 기만을 파헤치는 에너지로 바뀌려고 하는 시대. 그 시대 감정의 반영으로서 무대나 스크린에는 많은 요괴와 흡혈귀, 몬스터 들이 활약하기 시작했다. 예를 들면 일찍이 엥겔스가 『가족, 사유재산, 국가의 기원』에서 "집단혼이란 남자 집단과 여자 집단이 서로를 소유하고, 거의 질투의 여지를 남기지 않는 형태이다"라고 썼을 때, 거기에서 나타난 다부다처의 '가출 사상'은 사람들의 시선을 끌었다.

그럼에도 불구하고 질투의 여지를 남기지 않는다는 부분에서 나는 김이 샌다. 이 애매한 콤플렉스 감정으로서의 질투도 사는 보람의 하나이며, 사람은 다부다처 속에서 '일부일처'에 대한 환상을 품으면서도 고독과 질투에 계속 번민하는 지점이, 방황하는 '집 없는 아이'의 출발점이었던 것은 아닐까?

우에노역 구내에 붙어 있던 가출한 사람을 찾는다는 전

단지의 여성. 후카이 히데코 씨. 나는 당신을 모른다. 전단지에 따르면 당신은 나와 같은 해에 태어나 나가노현의 이야마시에 살았고 요식업을 하고 있었던 듯하다. 특징은 "치아가 고르지 않고 웃으면 왼쪽에 보조개가 생긴다"라고 한다. 당신은 1968년 12월 25일, 크리스마스에 가출했다. "아들 슌스케도 엄마도 모두 걱정하고 있으니 연락 기다린다―신청인 남편 후카이 시게오, 아버지 후카이 겐고"라는 전단을 읽고 있으니, 나는 눈 오는 밤에 챙기는 걸 잊었던 '가족 맞추기' 속 카드 한 장이 행방불명되었던 일을 떠올린다. 게임이었다면 없어진 엄마는 다른 누군가의 손에 있기 때문에 돌고 돌아 윤회를 하는 셈인데, 차바퀴 아래나 아궁이의 재에 섞여 들어가버린 카드는 관계의 죽음을 뜻한다. "소지품은 보자기, 내용물은 앨범." 앨범. 앨범. 앨범에는 아이의 사진이 붙어 있었을 것이라는 우에노역의 보안 담당의 설명을 들으며 나는 여기서 엄마와 아이의 피의 인연이 낫토의 실처럼 끈적이며 늘어났다 줄었다 하는 것을 떠올렸다. 전단지 사진이 어쩐지 불행해 보이는 것은 그녀의 '가출'이 사실은 달팽이의 여행처럼, 어두운 집의 시체를 계속 짊어지고 있는 것처럼 느껴졌기 때문이다. 입센 『인형의 집』의 노라의 가출과 후카이 히데코(아, 내 어머니와 같은 이름이다!) 씨의 가출은 가부장제의 봉건적 집에서의 탈출이라는 점에서 매우 비슷하다. 그런데도 노라의 가출은 근대적인 자아의 자각이라는 신선함으로 선전되고, 후카이 씨의 가출은 왜 부정한 유부녀의 실종으로밖에 말해지지 않는 것일까?

한마디로 말하자면 어수선했던 지난 백 년의 근대사회 형성 속에서 '개인'과 '자아'를 생산해내지 못하게 된 일본인은 '집'의 윤리 안에서만 사고해온 것이다. 그 안에서는 '집'이 '가정'으로 바뀌었다 해도 본질이 변했다고는 생각되지 않는다. 갓 없는 전구와 두 평 남짓한 독신자 아파트의 황야에서 하는 자립은 항상 쓰러질지 모르는 불안이 있지만, 반대로 맞춰진 가족 카드의 점수에 따라 목소리가 커지는 '집'에 의존하는 '패밀리 파워'는 청년을 해방할 기회를 만들지 못할 것이다.

'가출'해봤자 그다음에는 목표도 계획도 없고 아무것도

없다는 사람, "도쿄에 가지 마라, 고향을 지켜라"라고 하는 시인, 그리고 "가출하려면 엄마도 같이 가줄게"라며 간드러진 목소리를 내는 극성 엄마, 충동을 경계하라고 충고하는 교사, "도쿄가 뭔데"라며 노래하는 인기 없는 대중 가수, "우리 집에는 불단도 없고, 답답한 시골도 아니다. 게다가 세상의 다른 부모와 달리 우리 부모는 특별히 이해심이 많아서 가출할 필요가 없다"며 변성기가 오지 않은 목소리로 말하는 효자, 당신들은 아무것도 모른다, 전혀. 아무런 목표도 계획도 정해져 있지 않으니까 가출이라는 행동을 매개로 목표를 정하고, 계획을 세워야 하며, 행복한 가정이기에 그것을 뛰어넘어야 하는 것이다.

가출을 실천하면 정치적 해방의 한계를 뛰어넘은 곳에서 자립과 자아의 최초 이정표를 세우게 될 것이다. 부모와의 대화라는 이름의 혈연적 유산의 릴레이를 중단하고, 오히려 부모와도 '우정'을 나눌 수 있는 동등한 관계를 만들려면 행복한 가정도 버려야 한다. 혼자서도 걸어야 한다, 아니 오히려 자신 혼자야말로. 나는 자주 다카무레 이쓰에高群逸枝라는 노시인의 망향 자장가를 떠올리는데, 가사는 이렇다.

바람은 없는 기적 소리다
기적이여 울지 마라 떠오른다

나 어릴 적 살던 요리타 집에서
아침에도 기적 소리를 보았더라

기차는 첫 기차 야쓰시로 하행선
타고 가고 싶은 저 기차

 망향가를 부를 수 있는 건 고향을 버린 사람뿐이다. 그리고 모정母情을 노래하는 것 역시 마찬가지가 아닐까?

제2장

악덕의 예찬

백과사전 이외의 악덕의 정의

근친상간, 강간, 영아 살해, 매음, 간통, 살인, 절도, 남색, 여색, 수간, 방화, 독살, 약탈, 부모 살해.

(위에서 악덕이라 생각되는 것에 ○를 하시오.)

이런 시험문제가 나오면 당신은 어떤 답을 할까!

상당히 어려운 문제이다.

예를 들면 1958년 이전의 일본에서 '매음'은 범죄가 아니었고, 지금도 위법성을 기준으로 악덕 여부를 판단한다면, 남색, 여색, 수간, 근친상간은 악덕에 해당하지 않는다.

그래서 만일 법률이 어쩌니 저쩌니 쪼잔한 소리를 할 게 아니라 전 인류로 관점을 확대해서 판단을 해본다면, 그것은 점점 어려운 문제가 될 것이다.

예를 들면 마르키 드 사드가 살았던 1800년대에는, 캅카스의 밍그렐리아나 아프리카, 미국 조지아주의 원주민들 사이에서는 앞에서 말한 항목 모두 미덕으로 여겼는데 종교에 따라 미덕과 악덕이 완전히 뒤집혀 평가되는 일도 있을 수 있기 때문이다. 사드의 『쥘리에트 이야기』*에서 세계

---

*
원제는 *Histoire de Juliette, ou les Prospérités du vice*.

풍속을 묘사한 부분을 보면 "리디아에서는 딸이 매춘으로 얻은 아이는 시집갈 때 훌륭한 혼수"였고, "니카라과의 어느 섬에서는 아이들을 산제물로 파는 것이 아버지에게 허락된다. 그리고 옥수수를 신에게 올릴 때 아이들의 피로 적셔, 이 두 가지 자연의 산물 앞에서 원을 그리며 춤을 춘다"고 한다.

브라질의 식인 풍습, 월경을 시작한 딸을 흡혈 등에에게 먹이는 기아나의 의식과 그것을 구경거리로 보여주는 일, 그리고 이차세계대전 중에 목격했던 '적을 죽이지 않으면 반동자'로 간주하는 국가사상. 그런 것들을 이리저리 생각해보면 도대체 악덕의 기준은 무엇으로 가늠해야 할까?

굉장히 당혹스러워질 것이다.

사드의 이른바 "자연이 준 것을 믿어야 한다"는 사고가 '욕망, 정욕으로 일관하는' 범신론으로서 존재하는 것은 지극히 건강한 일이라고 생각한다.

그리고 악이란 기독교적 형제애의 굴레로 규정할 게 아니라, 자연 그 자체의 요구에 반하지 않는가를 보고 판단하는 것이다. (따라서 앞에 말했던 모든 항목은 캅카스의 밍그렐리아 원주민이 생각한 것처럼 악덕이 아니라 오히려 일종의 미덕일 수도 있다.)

그렇다고 해서 강간이나 방화, 살인이 좋다는 뜻이 아니다. 오히려 그 반대이다. 사회는 미덕이나 악덕과는 무관하게 성립되는 것이어서, 반자연적인 일까지 서로 저지르면서 인간으로서의 도리를 키워간다. 따라서 서로 참는 악덕에 익숙해짐으로써 '행복 그 자체가 아니라 행복의 대체물'을 서로 믿고, 그것이 지극히 지적인 질서를 성립한다고 생각할 때, 우리는 캅카스의 밍그렐리아 원주민보다도 선진적인 삶을 살고 있다는 자부심을 갖게 되는 것이다.

금욕이라는 악덕은 어쩌면 인류를 망쳐버릴 수도 있으니, 사람들은 그것을 다른 방법(예술 등)으로 발산하게 되었다고 생각할 수도 있다.

나도 한 달에 한 번쯤은 작은 모임을 가지며 '상상할 수 있는 최대의 악에 관한 심포지엄과 실천 모임'이라도 열까 생각할 때가 있다.

이시카와 고에몬*과 가상 대화로
도둑 철학을 논하다

"그러면 당신은 도둑도 직업의 하나니까 직업소개소에서도 다뤄야 한다는 그런 말씀이군요."

"그런 셈이다."

"진심으로 그렇게 생각하는 겁니까?"

"진심이고말고."

"그러나 당신들이 하는 도둑질이 직업이라고 해도, 세상에 전혀 도움이 안 되죠. 사회적 쓸모는 없지 않습니까?"

"사회적 쓸모 따위가 그렇게 중요한가?"

"당연하죠. 우리는 사회에서 살잖아요."

"사회적 쓸모가 없으면 존재 가치가 없다는 건가?"

"뭐, 그렇습니다."

"그렇군. 그럼 자네가 하는 예술 같은 것도 사회적 쓸모가 있는 게로군."

"(조금 수세에 몰리며) 그건, 물론이죠. 나는 나 자신의 사고방식으로, 사회와 관계를 맺고 있습니다. 적어도 작품

---

*
아즈치모모야마 시대의 전설적인 도적. 실존 인물인지 의견이 분분했으나, 예수회 선교사의 일기 등의 사료로 동명의 인물이 실재했다고 밝혀졌다.

이 사회에 미치는 영향에는 책임을 집니다."

"정말인가?"

"…."

"그럼 어째서 시인은 직업으로 직업소개소에서 다루지 않나 몰라."

"취급 안 하나요?"

"잘 모르지만, 아무튼 구인 광고에 시인 구함 같은 게 있다는 소리는 들은 적이 없네!"

"(화제를 바꾼다) 어쨌든 우리 시인은 도둑분들처럼 서민들이 이유 없이 싫어하지는 않죠. 그건 분명합니다."

"(빙글거리며) 사람들이 개의치 않는 건 아니고?"

"…."

"자네가 오해하고 있는데 서민들은 우리 도둑을 그렇게 싫어하지 않아. 그야 아마추어 절도범들은 유머 감각이 부족한 경우도 있긴 하지, 하지만 본업이 도둑이라면, 가령 이케부쿠로의 소매치기 학교나 아사쿠사의 좀도둑 강좌를 제대로 다닌 도둑은 다 기술자들이니까."

"(어이가 없다)"

"게다가 여보게, 에도의 야미타로*도 그렇고, 괴도 뤼팽도, 네즈미코조 지로키치**도 모두 서민에게 사랑을 받지 않았나."

"그건 모두 지어낸 이야기니까요, 고에몬 씨.

세상 사람은 픽션의 악한에게는 관대합니다. 그러나 당신이 같은 아파트에 이사를 와보십시오. 이웃들이 민폐라며 따돌릴 게 틀림없습니다."

"(빙글거리며) 그렇지도 않을 거다. 직업에 귀천이 없는 시대이니."

"하지만 아파트에 사는 누구도 도둑을 직업이라고는 생각 안 할걸요! 말도 안 되지."

"과연 그럴까.

나는 모두 검정으로 입고 아파트 계단을 내려가지. 장을 봐 온 이웃 부인과 스치는 거야.

―어머, 이시카와 씨. 오늘은 어디로 가세요?

―일본은행이오.

―업무차요?

―맞습니다.

---

*
영화 〈어느 배우의 복수雪之丞變化〉의 등장인물. 집안이 몰락한 유키노조雪之丞는 에도로 상경해 여장 배우로 인기를 누리는 한편 억울하게 죽은 부모를 위해 복수의 칼날을 갈며 상류층만 터는 '대도 야미타로'로 활동한다.

**
에도 막부 후기의 의적.

―아유, 더운데 힘드시겠어요. 그럼 잘 다녀오세요.

이런 식으로 약간 연예인 취급을 받으면서 이웃하고 교류하는 거지. 어떤가? 그렇게 못 지낼까?"

"…."

"내가 뭐 채플린 흉내를 내서 하는 말은 아니지만, 도둑 산업도 대자본 공세에 밀려 중소기업은 힘들어. 더구나 나처럼 고지식한 옛날 사람은 도둑끼리 조합을 만든다는 것도 직업 특성상 찜찜해서 말이야. 도둑의 미학이 사라져버리는 느낌이 들거든.

그래서 생각해봤는데, 도둑도 옛날식으로 하나의 직업으로 만드는 게 좋아. 대개 소매치기나 빈집털이를 당한 사람은 '아뿔싸!' 머리를 감싸 안고 마치 게임처럼 순순히 졌다는 것을 인정하는 거지.

그런 도둑의 세계에서 나 정도 되는 스타가 나와버리면 난세가 되겠지만 '도둑맞는다'는 사실에는 그렇게 화도 나지 않게 될 거네."

"그건 시대착오네요.

애초에 도둑을 양성한다고 해도 기업 내의 부정 대출이

나 비리는 없어지지 않아요.

도둑이라는 개념이 아리스토텔레스적으로 먼저 있고, 거기서부터 도둑이 그 개념대로 만들어진다는 사고방식을 응용하기엔 시대가 너무 발전했어요."

"내 생각으로는 도둑은 길가에 100만 엔이 떨어져 있어도 주우면 안 되지. 줍는 건 거지야. 도둑은 훔쳐야 하네.

거기에 직업으로서의 귀한 사명이 있지."

"고리타분하시기는!

그런 도둑 철학이 현대에 통할 거라고 생각합니까? 도둑인가 하고 보면 경찰이고, 경찰인가 하고 보면 도둑인데…. 이런 미스터리한 양상이 벌어지는 게 현대의 묘미거든요, 이시카와 씨."

"…."

악덕 지망생

미국에 있는 아들한테 편지가 왔다. 애틀랜타에서 보낸

항공우편으로.

그런데 나는 자식을 만든 기억이 전혀 없으니, 자칭 '데라야마 슈지 2세'라는 사람은 의형제의 부모 자식 버전 같은 느낌으로 내 성씨를 쓴 게 아닐까 싶다.

그런데 이 편지가, 읽다 보니 의외로 글이 좋았는데, 내 에세이 「악덕 예찬」을 읽고 힘을 얻어서 미국에서 나쁜 체험을 많이 쌓고 있다고 보고하는 내용을 써 내려간 것이었다.

게다가 그는 상당한 국수주의자인지 이런 내용이 쓰여 있었다.

"난 미국 회사에서 웬만한 미국 놈들의 두 배 가까운 주급을 훔치고 있습니다. 그러나 그건 부업이고, 내가 진심으로 즐기는 본업은 무보수로 간통 동호회를 만들어 종교와 국적을 막론하고 열여섯 살부터 마흔다섯 살까지 흑인 아닌 주부들과 사귀는 일이죠."

그러나 그 본업이란 "그녀의 남편이 출장을 간 사이 침대 위에 올라가는 것"이며 지난 석 달 동안 다섯 명의 남부 여자들로부터 감사를 받았다고, 말이 날뛰듯 휘갈겨 쓴 글씨로 득의양양하게 쓰여 있는 것을 읽었을 때는 어지간한 나도 웃음을 터트리고 말았다. 더욱이 "한 가지 해명을 하자면, 나는 몸을 파는 지골로도 아니고 내 차는 내가 쓰고 단돈 1센트도 여자한테 받은 일이 없습니다"라는 단서도 달려 있었다. 나는 이 못난 아들의 편지를 두 번 읽고 두 번 다 웃었다.

아마 그가 제일 하고 싶은 말은 편지 말미의 한 줄에 집약되어 있을 것이다. "내가 슬픈 건 당신처럼, 나쁜 선생이 되어 독한 말을 할 수 없는 소심한 일개 미청년에 불과하다는 점입니다."

여기서는 단번에 통쾌한 아이러니를 읽어낼 수 있다. '뭐야, 너 같은 건 일본 구석에 있으면서 악덕 예찬이니 뭐니 하며 잘난 척하는 소리나 쓰고 있지만, 결국 말만 하고 아무것도 못 하지 않느냐.

나를 봐라. 이래 봬도 나는 뉴욕에서 애틀랜타에 걸쳐 행동으로 여러 가지를 실천하고 있다. 잘난 척하기 전에 일단 남의 아내 침대에 올라가보는 게 어떠냐.'

아들이 토끼처럼 콧방울을 씰룩거리는 모습이 눈에 보이

는 듯하다. 사실 논하기보다 실행한다는 사상은 예로부터 청년의 특권이었다. 그리고 내 아들도 역시 반은 나의 언행 불일치를 공격하고, 나머지 반은 자신이 하는 짓을 자랑하지 않고는 못 배겨서 글을 썼을 것이다.

그런데 나는 언행 불일치도 그 나름대로 괜찮은 것 같다. 적어도 언행 불일치를 아무렇지 않게 용인할 수 있는 대범한 신경만이 오랜 역사를 조금씩 변혁시켜 왔다고 생각하기 때문이다. 이 사실은 예를 들면, 일본 반체제운동의 역사나 나가사키의 숨은 기독교인들의 전도 역사에서도 분명히 증명되었고, 성화 밟기를 거부하고 죽어간 신도들에 의해서는 아무것도 바뀌지 않았다는 역사적 사실이 무엇보다 좋은 증거이다.

평론가 후쿠다 쓰네아리는 "나는 스스로도 가끔 멋쩍을 만큼 옳은 말을 한다. 그러나 아내는 그 말을 순순히 듣고 성장해갔다"고 했는데 사상이란 게 본래 '스스로 가끔 멋쩍은' 걸로 충분하다고 나는 생각한다.

그리고 이렇게 말은 그 자체로 하나의 행위와 같은 무게가 있으며 결코 실행자의 행동보다 우선하는 것은 아니다.

그런 것을 잘 분별하지 않는다면, 항상 체험자 우선의 사상 밖에 효력을 갖지 못한다는 얘기가 된다.

뻔한 얘기지만 이것이 중요한 핵심이다.

"말만 번드르르하지 저 사람이 하는 짓은 대체 뭐냐."

이런 비난으로 본말을 전도해서는 안 된다. 사상에는 본래 서명이 없다는 것을 알기만 한다면 이상주의자 톨스토이가 부부 싸움 끝에 기차에 치여 죽었다고 한들 일절 소란을 떨 가치가 없는 일이라는 것을 알 수 있다. '저 사람은 살인자인데 인도주의에 대한 설교는 상당히 좋단 말이야' 할 정도로, 철저한 언행 불일치를 내세우며 시작하지 않으면 아마 모든 사상운동은 성장하지 못할 것이다.

그런데 미국에 있는 내 아들에게도 한마디 주의를 해두자면, 시시한 일은 자랑하지 않는 게 좋겠다. 미국까지 가지 않아도 남편이 출장 중인 부인의 침대 위에 올라가는 일은 최근 일본에서도 매일 신문 기사로 나오고 있으니까. 너무 떠들다 보면 칼부림 사태를 부른다는 것을 알고 조금은 말조심을 하는 게 영리하단다.

무덤에 파란 꽃을

중국에 있던 '우는 남자' 풍습을 나는 좋아한다. 누군가가 죽으면 돈을 받고 그곳으로 울러 가는 것은 상당히 드라마틱하고 엄숙하며 운치가 있다.

죽은 남자가 엄청난 범죄자이든, 백수든, 매정한 사채업자든, 그에게 그 사실은 '알 바가 아닌' 것이다.

요컨대 그는 비즈니스로 울러 가는 것이고, 장례식장에서 계약대로 한 시간만 오열하고 나면 언제 그랬냐는 듯이 불고기 같은 것을 우걱우걱 먹으면 된다. 그리고 장례식에 참석한 사람들은 그의 오열로 무르익은 슬픈 분위기 속에서 모두 흑흑거리며 쓰러져서 운다.

연극에는 개막의 순간이 있어서 막이 올랐을 때부터 극의 세계가 펼쳐진다. 말하자면 '우는 남자'는 일상에서 극의 막을 올리는 역할을 담당하는 것이다.

가토 미치오加藤道夫의 희곡 〈추억을 파는 남자〉도 우는 남자처럼 눈에 보이지 않는 것, 즉 형이상학적인 것을 파는 장사꾼을 다룬 드라마였다. 사실 특별한 것은 아니고 노래를 팔고 돈을 받기만 하는 것이었다. 따라서 '추억을 파는 남자'는 항상 '추억을 사는 남자'의 외부에 있으면서 계속 노래만 할 뿐, 마치 공수를 하는 무녀처럼 타자로서밖에 의미가 없었다.

그러나 '우는 남자'는 함께 운다. 이 '함께'라는 부분이 나에게는 상당히 흥미롭게 느껴진다.

아마 울고 있을 때 '우는 남자'는 자신이 누구를 위해 무엇 때문에 우는지 생각하지 않을 것이다. 그리고 생리현상을 이성으로 조작할 수 있는 자신에게 얼마간 자부심을 느끼면서 장인 의식을 철저히 발휘하며 계속 울 것이다. 나는 중국인(사실 이 풍습은 현재가 아닌 청나라 시대의 것이다)의 이러한 의례에 대한 애호를 사랑한다.

그리고 어느 일정 기간에 감정을 응축시켰다가 (사람까지 고용해서) 한꺼번에 발산하고, 그런 다음에 후련히 잊어버리는 것이 굉장히 부러울 뿐이다.

그래서 나는 여러 기념일에 대해 생각해봤다. 노인의 날, 아버지의 날, 어머니의 날, 교통안전의 날 등등. 일 년 중에 어느 하루가 노인의 날이라면 나머지 364일은 노인 이외 사람의 날이라는 거냐는 생각은 논외로 하겠다. 적어도 일 년 중의 하루라도 '노인'에 대해 관심을 가질 수 있다면 지금까지처럼 365일이 노인 이외 사람의 날인 것보다야 하루만큼은 개선이 되는 게 아닐까? 그리고 만일 그렇게 속죄했다고 다른 날은 평소보다 노인을 차갑게 대하는 경향이 강해진다면 그런 마음에 편승해서 '범죄의 날'을 제안해보고 싶다는 생각이 든다.

일 년 중의 하루만 '범죄의 날'로 정해 모든 범죄를 인정하는 것이다. 이때는 간통, 부정, 살인, 방화, 강간, 소매치기, 좀도둑질 등 무슨 짓을 해도 된다.

평소 남들에게 미움을 받던 착취형 자본가는 그날만 방공호 같은 데 들어가서 몰래 숨어 있으면 된다. 그리고 혼란은 막기 위해서 '범죄의 날'에 자신이 하고 싶은 범죄를 열흘 정도 전에 사는 곳에서 가까운 구청에 등록한다.

열다섯 살짜리 롤리타 같은 소녀를 강간하려고 할 때는 그 내용을 등록해두면 허가증이 나오고(속박이 없는 범죄, 금기가 없는 범죄 등은 즐거움이 없으므로 구청에서는 피해가 예측되는 사람에게 통지를 보내서 피하게 하면 된다), 등록하지 않은 범죄는 평상시대로 단속하면 되는데, 아무튼 이날만은 일 년 중 가장 떠들썩한 날이 되는 것이다. 이날에는 범죄 올림픽처럼 모두가 앞다퉈 나쁜 짓을 하고, 가장 심한 짓을 한 사람은 아카사카 경찰서 옆에 '일본범죄센터 악행의 전당'을 만들어 사진과 초상화를 전시해도 좋겠다.

그러면 적어도 일 년 중에 나머지 364일은 범죄가 지금보다 적어지지 않을까 하는 생각을 해보기도 한다.

뭐, 이런 극단적인 생각은 예외로 치고, 어느 일정 기간에 삶을 응축하는 이벤트를 권하는 마음이 내 진심이다. 적어도 사람은 누구나 '악의 즐거움'에 대한 강한 욕망을 지니고 있으므로, 평소에는 조금씩 분출하다가 며느리를 구박하거나 사기꾼이나 치한으로 전락하게 되는데, 그런 악을 한꺼번에 의식적으로 발산하는 파티나 '범죄 연구회' 같은 게 도덕적 과도기에는 필요하다는 생각이 든다.

혈서

나와 함께 나쁜 일에 탐닉하자고 제안을 했더니, 여러 사람이 편지를 보내주었다. (새삼 세상에는 나쁜 일에 대한 욕망을 참고 지내는 사람이 많다는 게 참 놀라운데) 그중에서 조금 특이한 편지를 소개하겠다.

그 편지에는 우표가 붙어 있지 않았다. 우체부는 현관에서 두 번 벨을 누르고 요금으로 20엔을 받아 갔다.

나는 이름도 모르는 사람이 보낸 편지에 20엔이나 돈을 뜯겨 분노를 느끼면서 봉투를 열었다.

그런데 열자마자 이렇게 쓰여 있었다.

"우표를 붙이지 않고 보냅니다. 20엔 손해 보셨지요. 저는 당신이 20엔을 지불하는 표정을 상상하며 웃고 있는 사람입니다."

이걸 보고 어지간한 나도 한 방 맞은 기분으로 계속 읽어 내렸다.

"나는 나쁜 일을 하고 싶습니다.

그리고 데라야마 씨가 결성하려는 범죄 그룹에 넣어주신

다면, 그때 내 이름은 가와타 도미로 해줬으면 좋겠고, 참고로 이 이름은 지금 내가 이 세상에서 죽이고 싶은 사람의 이름을 합성해서 만든 것입니다…"라는 주석도 달려 있었다. 그리고 이 가와타 도미 씨가 희망하는 회원 번호는 55555번이었다. 나는 거참 상당히 재미있는 사람이네… 하며 다음 장으로 편지지를 넘겼다.

그러자 거기에는 "만일 아무도 뭐라 하지 않고 붙잡히지도 않는다면 나는 다음과 같은 악행을 저지르고 싶다"는 단서를 달고, 세 항목이 적혀 있었다.

1. 대학입시 전에 문제를 전부 보고 싶다.
2. 모든 것에 무임승차를 하고 싶다, 기차, 배, 비행기, 여자.
3. 일본은행에 훔치러 들어가고 싶다.

나는 실망했다.

무슨 소리야. 이런 시시한 걸 악행이라며 하고 싶다니, 동성애자 한 명이 펼치는 동성애론에도 훨씬 못 미치는 유치한 소리 아닌가.

애초에 희망 회원 번호가 55555라는 것부터 시작해서, 평소에 5*가 거의 없는 성적표를 받는 수험생일까, '여자에 무임승차한다'는 게 나쁜 일이라고 생각하는 대목에서는 정말 웃음만 나온다.

여자는 당연히 무임승차하는 것이고, 그 점에 관해서는 다프니스와 클로에의 고전적이고 목가적인 연애부터 현대의 세속적인 연애 드라마 〈저 다리 옆에서〉의 미쓰하루와 요코까지, 모든 러브 스토리에서 돈을 내지 않고 '타기도 하고' 타지 못하기도 하는 상황이 디테일하게 그려진다.

게다가 애초에 돈을 내든 안 내든 '여자에 올라탄다'는 것은 악행과는 아무 상관도 없는 일이다. 만일 아무거나 좋으니까 나쁜 일을 하고 싶다면, 먼저 '무엇이 나쁜가'에 대한 인식이 필요하고, 예를 들면 모든 것이 허용되는 시대에 악의 의미가 무엇인지를 아는 게 중요할 것이다.

도스토옙스키의 『죄와 벌』에 나오는 라스콜리니코프라

---

*
'5'는 일본 성적표에서 가장 높은 등급이다.

는 살인범의 고뇌가 세계대전 중에 대량 학살을 경험한 우리 시대에도 같은 무게를 갖지는 않겠지만, 악을 단순히 반법률적이라고 생각하지 않는 점만이라도 주의해서 보기를 바란다. 예를 들어 내가 지금 인육을 먹어보고 싶다든가, 남편이 보는 앞에서 그의 아내를 범해보고 싶다든가, 가령 그렇게 생각했다고 치자. 그럴 때 그 이유가 무엇일까.

그렇게 자문해보면, 결코 인육이 맛있어서가 아니라는 것만은 확실해진다. 유명 중식당인 중화제일루의 오리 요리가 결막염을 앓는 환갑 먹은 노파의 인육보다 훨씬 맛있을 게 분명한데도 '인육을 먹어보고 싶다'고 한다면, 그것이야말로 '악'에 대한 어떤 기호를 드러내는 것이다. 가와타 도미 씨처럼 '하고 싶은 일이 마침 합법적이지 않더라'가 아니라, 화상처럼 아픈 쾌락에 눈뜨는 것을 뜻한다. 그리고 '악'이 뭔지 모르는 사람이 하물며 '선'을 알 리가 없는 게 당연하다. 예를 들어 가와타 토미 씨는 "만일 아무도 뭐라 하지 않고 붙잡히지도 않는다면"이라며 위의 세 항목을 꼽았는데 '허락된 악'에 무슨 쾌락이 있겠는가.

누군가에게 비난을 받고, 죄의 십자가에 걸릴지도 모른

다는 불안이야말로 악을 생생하게 만들어주는 것이며, 장 주네*를 만나고 온 가쓰라 유키코**씨 말로는, 주네는 지금도 도둑질을 하고 숨어 지낸다고 한다. 주네야말로 실로 '알면서도 멈출 수 없는' 심경일 것이다. 감동적인 일이다.

정답을 미리 알고 싶다는 소리를 하지 말고 차라리 '모든 대학을 폭파하고 싶다!'라는 생각을 해보는 게 어떠신지.

내 친애하는 가와타 도미 씨!

금지된 반지

간통은 왜 안 되는 걸까? 우리는 '연애의 자유'에 대해서는 똑같이 의견 일치를 보는데, 왜 '간통'은 부정하다고 책망하거나 불륜이라며 경멸하는 것일까?

그래서 한번 생각해보려고 한다.

대개 결혼하기로 한 연인들의 교제에는 사랑을 기반한 진정한 즐거움이 적은 게 보통이다. 왜냐하면 연애에는 항상 불안이 따라다녀야 하는데, 결혼이 예정된 두 사람에게

---

*
Jean Genet. 프랑스의 시인, 소설가, 극작가. 불우한 환경에서 자라며 열다섯 살 때 소년원에 들어가고 이후에도 온갖 범죄를 저질러 감옥 생활을 하며 소설을 썼다.

**
桂ユキ子. 서양화가. 일본 전위 미술의 선구자.

는 불안보다도 미래상이 선행되고 있기 때문이다. '허락된 사랑'에는 불안이 없다. 물론 불안을 대신하는 게 있긴 하지만, 공통의 이상으로 묶인 젊은 남녀에게 넓은 의미의 인간적 사랑은 있어도 사랑으로 인한 애환은 없다는 게 내 생각이다.

그래서 문학에서 연애를 다룬 뛰어난 작품들은 죄다 '금지된 사랑'만 다룬다. 『로미오와 줄리엣』부터 〈너의 이름은〉*에 이르기까지 계속 불리고 읽히는 대부분의 연애 작품은 거의 금지된 사랑의 황홀감과 불안이 주제이다.

다만 무엇이 그 사랑을 금지하느냐? 그것만 시대적 상황에 따라 변화하는 셈이다. 일찍이 '집'이 엄중한 힘을 갖고 있어서, 부모의 반대가 사랑을 금지하는 힘이었던 적도 있다.

> 만나고 싶고 보고 싶어 두려움도 잊고
> 어두운 밤길을 그저 혼자서
> 만나러 왔건만 어찌 나오지 않는가
> 내가 부르는 소리 잊었던가

---

*
1952년부터 1954년까지
NHK 라디오에서 방송된
라니오 드라마. 전쟁으로
엇갈린 비련의 남녀를 다룬
작품으로 크게 히트했다.

그대가 부르는 소리 잊지 않았건만
나오려 해도 나오지 못하는 새장 속의 새

  다이쇼 시대에 사와 란코, 우타가와 야에코 주연으로 크게 히트했던 〈새장 속의 새〉(아시야영화사)에서도 '새장'이 고루한 가족제도의 비유로 쓰인다. 그리고 그 후의 정치적 변화와 함께 사랑을 금지하고 연인들을 떼어놓는 거대한 힘은 '집'이 아니라 오히려 '전쟁'이 되었다. 전장으로 떠나는 청년이 홀로 남을 연인에게 "아아, 부활 전에 죽음이 있구나"라는 말을 남기는 로맹 롤랑의 유명한 작품 『피에르와 뤼스Pierre et Luce』도 일본에서는 〈다시 만날 날까지〉(도호영화사)라는 제목으로 영화화되어, 금지된 사랑의 전형적 스타일을 보여주기도 했는데, 출정은 연인들에게 피할 수 없는 크레바스*가 되었다. 생생한 연애 작품이 창조되기 위해서는 대개 이러한 속박과 금기가 전제되어 있었던 셈이다. 그런데 '집' 제도의 붕괴, 전쟁 없는 시대의 도래와 함께 사랑을 금지하는 요소가 극단적으로 줄어들면서 연애 작품을 만들어낼 시대적 상황이 부족해졌다.

---

*
빙하가 갈라져서 생긴 좁고
깊은 틈.

그러다 보니 모든 연애 작품이 남의 아내와 연애를 하는 금기에 집중하면서 불륜 열풍이 일어났다. 그리고 간통 작품에서 남의 아내를 훔치는 쪽은 언제나 브론스키 공작 같은 멋있는 신사이며, 뺏기는 쪽은 카레닌 같은 지루한 남자라는 스테레오 타입까지 생긴 것 같다. 더욱이 『안나 카레니나』는 읽을수록 사랑의 황홀감과 불안이 러시아 귀족 사회의 여러 양상을 배경으로 멋지게 그려져 있어 예술적으로 훌륭하다. "정조란 정열의 나태함이다"라고 했던 라 로슈푸코의 말도 있으니, 진실로 사랑에 충실하다면 간통을 해도 되지 않을까 생각하는 사람이 있을지도 모른다.

그러나 나는 '간통'에 찬성할 수만은 없을 것 같다. 왜냐면 남편에게 경제적 삶을 의존하면서, 육체적 (또는 정신적) 삶만을 애인에게 의지한다면 이중계약이기 때문이다. 남편이 일한 돈으로 생활하면서 애인에게 육체를 제공하는 건 사기라는 관점으로 보면, 다른 금기와 간통에 따른 금기의 차이가 드러난다. 즉 '집안'의 반대나 '전쟁'으로 인한 반대는 비극적인데, '간통'이 항상 유머러스하기조차 한 것은 이런 기브 앤 테이크의 불균형 때문인 것 같다. 보바리 부인이 남편 샤를의 경제력으로 생활하면서 레옹이나 루돌프와 정사를 즐기는 것은, 다시 말해 샤를의 '경제력으로 삶을 유지하고 있는' 점에 문제가 있다고 해야 할 것이다.

골칫거리를 치우는 논리

대단히 유머러스한 시가 하나 있다.
비트족* 시인 그레고리 코소의 시로 제목이 「결혼」이다.

―그녀가 나를 부모님에게 소개할 때
자세를 똑바로 하고 처음으로 빗으로 머리를 빗고
넥타이를 졸라매고
취조석에 무릎을 모으고 앉아
화장실이 어디인가요?
이런 걸 물으면 안 되나?
달리 생각할 것도 없고
슈퍼맨 비누만 생각하고 있다

*
1950년대 미국에서 기존의
질서와 도덕을 거부하며
문학의 아카데미즘을
반대한 문학 예술가 세대를
이르는 말.

얼마나 무서운 일인지
그녀의 가족 앞에 나는 앉아 있고
그들은 생각하겠지
'이 사람 본 적도 없어! 우리 메리 루를 달라고 하다니!'
차와 수제 쿠키 다음이었나
그들은 내게 묻는다, 직업이 뭔가?
얘기를 해야 하나 얘기하면 싫어하지 않을까?
그래 좋다, 결혼하거라
'딸은 잃겠지만 아들이 생기겠구나!'
그런 소릴 들었으니
이제 화장실이 어딘가요?
물어봐도 되려나?

(스물아홉 살의 이 시인은 뉴욕 빈민가에서 태어나서 열일곱 살 때 절도죄로 유치장 신세를 진 경력이 있다.)

그런데 여기서 발췌한 시는, 연인과 처음 묘석에 기대 앉아 입맞춤 말고도 '할 건 다' 했는데 결혼은 하지 못하겠다는 내용을 쓴 시이다. 그리고 결국은 '혼자서 육십이 되어도 결혼하지 않고 가구가 딸린 셋집에서 속옷에 소변 얼룩을 묻혀도' 독신으로 지낼 거라며 한심한 공상을 하는 데서 끝난다. 돌다리만 두드리는 이 시인의 사상적 소심함이 유쾌하지 않은가.

나는 결코 경험이 만능이라고는 생각하지 않지만, 아직 골칫거리가 되지 않은 예비 아내를 여러모로 '골칫거리가 될 것'이라고 단정하고 아무런 경험도 해보려고 하지 않는 이 시 주인공의 자기분석을 보고 웃음이 난다.

"오오, 이혼의 성자!"라고 코소는 시에서 노래하고 있는데, 이혼은 결혼하지 않는 사람은 할 수 없는 일이다.

분명히 결혼 생활에서는 골칫거리가 될 다양한 사람들이 생긴다. 가족들이 대개 그렇고 심지어 아내도 때로는 '골칫거리'가 된다는 점에서 차이가 없다. 그러나 결혼도 못 하면서,

오오, 나는 아빠가 되겠지!
크리스마스의 이! 번쩍이는 정수리! 사과 항아리!
하느님, 어떤 남편이 나는 될까요!

… 같은 무슨 소리인지 모를 헛소리를 떠드는 코소의 시의 주인공이야말로 스스로도 처치 곤란한 골칫거리라는 게 제일 큰 문제인 것 같다.

자기 자신이 자신의 골칫거리라는 게 코미디이다. 더구나 사람들이 대개 매일 이를 닦듯이 '골치 아픈 부속물'을 처리하지 않는 한, 금방 골칫거리 취급을 받게 되는 게 현대 사회의 특색인 것 같다.

자기 주변에서 치우는 걸 잊은 골칫거리가 없는지 생각해보기를 바란다.

그것 때문에 자신이 하고 싶은 일도 못 하고 있다면, 바로 치워버려야 한다. 내가 지금 '표현좌'라는 극단 친구들과 만들고 있는 이오네스코의 〈아메데Amédée〉라는 연극은 그 '골칫거리'를 어떻게 치우는지를 희극으로 만든 것인데 줄거리는 이렇다.

좁은 아파트에 사는 중년의 극작가 아메데는 지난 십오 년간 희곡 원고를 단 한 줄밖에 쓰지 못했다.

더구나 "잘돼 가나?"라는 첫 대사를 하나 썼을 뿐, 원고가 전혀 진척되지 않는 원인은 사실 옆방의 '골칫거리' 탓이다.

골칫거리는 바로 시체 한 구인데, 신고할지 버릴지를 십오 년 전에 빨리 정했으면 좋았을 텐데 그냥 방치했더니 시체가 오래되어 곰팡이가 슬고 버섯이 자랐다. 더 끔찍한 건 시체가 나날이 조금씩 조금씩 부풀어 오르며 커져서 방을 가득 채워버렸고, 이제 와 시체를 처리할 방법이 떠오르지 않는 것이다.

이 부풀어 오른 시체가 친형제인 알레고리인지, 또는 추억 속 존재인 알레고리인지를 생각할 필요는 없다. 그런데 당신 주위에는 매일 부풀어 오르는 시체 같은 '골칫거리'가 없는가? 혹은 가족에게 당신이 그 시체 같은 존재는 아닌가?

… 그런 것들을 잘 생각해보고, 만일 죽은 상태라면 바로

소생을 시키려고 결심하지 않는 한 당신 몸에도 버섯이 자라날지 모른다!

사드 정담情談[*]

이상한 제목을 붙였다.

스즈키 요네와카壽々木米若의 낭곡 제목 같기도 하고 18세기 프랑스의 사드의 미공개 비밀 기록 같기도 하다. 내가 아는 한 여류 시인은 언어유희에 심하게 꽂혀서 「비엔나 쌍둥이」[**]라는 작품을 썼다.

비엔나 쌍둥이. 살라미 쌍둥이.

왠지 모르게 유쾌한 제목이다.

지난번 간다의 헌책방 거리를 돌아다니다가 『아베 사다에 대한 정신분석적 진단』이라는 이상한 책을 발견하고 바로 사서 읽어보았다. 내가 태어나기 전에 출판된 책으로 표지에는 비어즐리[***]의 그림도 인쇄되어 있고 취미로 즐기기 좋은 학술 연구서였는데, 특히 재미있는 언어유희를 발

---

[*] 사도시마의 섬 처녀와 다른 지방 청년과의 비련을 다룬 민간설화 '사도정화佐渡情話'를 언어유희적으로 표현한 제목.

[**] 소시지와 쌍둥이는 일본어 발음이 같아서 소리 나는 대로 읽으면 '비엔나 소시지'가 된다.

[***] 오브리 비어즐리Aubrey V. Beardsley. 영국의 삽화가. 악마적인 예리함을 가진 흑백 펜화의 귀재라는 평을 받았으나 병약해서 스물다섯 살에 요절했다.

견할 수가 있었다. 그것은 당시 화제가 되었던 아베 사다*의 가학적 성욕을 평론가들이 사드의 사디즘과 연결 지어서 고찰했던 점이다.

남성의 성기를 절단한 아베 사다의 사다이즘과, 프랑스의 후작으로 사상가인 사디즘.

둘을 나란히 놓고 "세상에! 이름이 비슷하잖아!"라는 게 평론가들의 의견이었다.

나는 정말 즐거워졌다.

그런데 이번에 내가 쓰고 싶은 내용은 독자가 보내준 편지에 대한 답신의 형식을 빌리기로 했다. 즉 도쿄에 사는 모리 사부로 씨 편지의 답장을 쓰게 되는 셈인데, 나의 사상, 그리고 나의 주제와 밀접하게 연관이 있는 일이기도 하다. 우선 모리 씨는 이렇게 써 보냈다.

"당신은 무슨 목적으로 이런 글을 쓰는 겁니까? 미치광이가 아니고서야 당신이 진짜로 악행을 추구할 리는 없을 겁니다."

여기서 첫 부분, 즉 내가 이 글을 쓰는 목적은 새로운 모

---

*
阿部定. 요정에서 일하다가 사귀게 된 애인을 성교 중에 목 졸라 죽이고 성기를 절단한 여성. 그녀의 이야기는 다수의 소설과 영화의 소재로 쓰였는데, 와타나베 준이치의 소설 『실락원』과 오시마 나기사 감독의 영화 〈감각의 제국〉이 유명하다.

럴을 발견하는 것이며, 자기 자신을 자유롭게 하기 위한 사색과 행동을 권하는 것이다.

이어서 '왜 악을 주제로 삼느냐'는 것인데, 내가 주제로 삼은 건 먼저 '악이란 무엇인가'이다.

신이 없는 현대에 악이란 대체 무엇일까? 거기서부터 생각해볼 필요가 있습니다.

만일 법률이 신의 역할을 한다면 법률을 어기는 것이 '악'이겠죠. 그러나 법률은 사람이 만든 것이며 도덕적 악의 규범을 측정하기는 어렵습니다.

즉, 법률에 저촉되지 않는 것이 전부 악이 아닌가 하면, 그렇다고만 할 수도 없습니다. 예를 들면 구헌법 체계에서는 부모가 자식을 제물로 삼아도 가족제도를 중심으로 한 국가사회였기 때문에 '악'으로 보지 않았어요. 그러나 부모에게 희생되어 요시와라로 팔려 간 합법적 매춘부들의 현실은 대체 '악'이었느냐 아니냐 하는 것이 문제가 됩니다.

법률이란 대체로 사회체제에 적합하게 만들어진 것이라서 내부의 모럴과는 전혀 관계가 없습니다. 다시 말해 선악

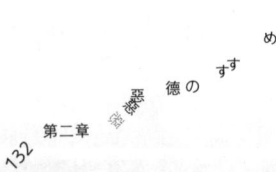

을 인간의 도덕으로 측정하려고 할 때, 법률은 절대적이지 않다는 뜻입니다.

그래서 제가 다양한 것들(모리 씨에게 악이라 생각되는 것)을 추천했는데, 그건 일상에서 악이라고 생각하는 것 중에 선이 있고, 습관화된 선행 속에 악이 있지 않은지 자문해 보라는 것이었습니다. 왜냐하면 스스로 묻지 않고서는 새로운 모럴이 생겨나지 않기 때문입니다.

모리 씨는 또 이렇게 쓰셨죠. "당신이 단순히 알고 싶은 욕망을 만족시키기 위해 악을 추구했을 때 일시적이라도 우리의 '행복'이 크게 위협받는다면 가치는 없다고 생각합니다."

모리 씨가 생각하는 '행복'의 의미를 잘 몰라서 여기에는 대답하기가 어렵습니다. 그러나 그다음에 모리 씨는 이런 말도 쓰셨습니다. "고등학생이 사드를 따라 하게 되면 진짜 위험한 일이 아닙니까."

무슨 말을 하고 싶은지는 알겠습니다만, 정확하지는 않습니다. 마르키 드 사드는 18세기 프랑스의 문학가이자, 사상가입니다. 그리고 프랑스혁명 당시 낙관주의적인 분위기 속에서 '변증법적 무한 부정을 하여 저항했던' 사람이죠. 따라서 모리 씨는 고등학생이나 대학생이 사드의 글에 등장하는 인물 같은 짓을 실제로 하게 될까 봐 우려하시는 것이겠죠. 하지만 읽어보시면 아실 텐데, 사드의 소설은 매우 우화적이라 실제로 하려면 물리적으로 굉장히 어렵습니다. 게다가 부주의하게 다른 사람들을 다치게 하는 일도 없고, 호기심을 실천한 사람도 아닙니다.

우선 요새 그런 취미로 하는 성생활에 빠질 만한 부자에다 아이디어가 있는 고등학생이 있지도 않고, 설사 있다고 하더라도 그 일이 선생에게 무슨 해를 끼치는 것도 아닙니다.

그래서 제가 반대로 모리 씨에게 질문을 하고 싶은데, 선생이 지금 자신의 '행복'을 지키려는 것이 절대 남을 위협하고 있는 것은 아니라고 확신하십니까?

선생이 지금 진심으로 믿고 있는 행복의 질서는 진실로 당신 자신을 충족시키고 있을까요? 한 가지를 믿는 게 다른 것을 배반하는 결과로 이어진다는 것을 모르면서, 누가 악에 대해 말할 수 있겠습니까. 이게 바로 제가 모리 씨에게 드리는 대답입니다.

코 이야기[*]

나는 남의 험담을 하는 걸 아주 좋아한다.

그것도 본인 앞에서 당당히 하는 게 아니라 그 자리에 없는 누군가를 아주 다각적으로 욕을 하며 매도하는 전통적인 악담 방식을 좋아한다.

초등학교 때는 선생님에게 알류샨 고릴라라거나 코찔찔이라는 별명을 붙이고 신이 났고, "뒷모습은 예쁘더니 얼굴은 깜짝이야"라거나 "반갑습니다, 머리가 듬성듬성 대머리가 되었네"처럼 놀리는 노래를 따라 부르다가, 결국 내 맘대로 놀림 노래를 만들어서 유행시키기도 했다.

(그런데 내가 욕을 하면서 언제나 화가 나는 건 욕을 듣는 상대인 선생님이나 상급생이 나에게 전혀 관심이 없어 보일 때였다.

---

[*] 로런스 스턴의 소설 『트리스트럼 섄디』에서는 태어날 때 코가 눌린 주인공 섄디가 등장한다. 나쓰메 소세키도 「트리스트럼 섄디」라는 글에서 '코'에 대한 여러 논생을 다루고 있다. 슈지는 '인간의 결함'이라는 뜻으로 이런 제목을 붙인 것 같다.

그리고 내가 '어떤 식으로 저 사람 욕을 해주지? 해도 되나?' 하며 여러 가지 아이디어를 짜고 구상을 하는데, 상대가 나를 위해서 아무것도 해주지 않을 때면 괜히 손해를 보고 있는 것은 아닌가

… 하는 생각이 들기 시작했다.)

원래 남의 욕을 하는 건 서비스 행위이다. 말하면서 자기도 조금 후련한 기분이 들지만, 듣는 상대가 항상 주인공이고 말하는 자신이 조연이라는 것을 생각하면 '욕을 먹고 있는 당사자'만큼 후련한 기분이라고는 할 수 없다.

그리스도는 "오른쪽 뺨을 맞거든 왼쪽 뺨을 내주라"고 했다는데, 이것은 '오른손으로 100엔을 받았으면 왼손도 내밀라'와 논리적으로는 똑같으니, 상당히 탐나는 가르침이라고 생각된다.

따라서 욕을 들으면 욕으로 대답해야 한다. 그게 우정이자 의리이다.

욕을 듣기만 하는 오만함은 결국 아무에게도 '욕을 먹지 않는 그런 시시한 녀석'이 될 위험이 있다. 어쨌든 현대에

남에게 욕을 먹지 않는 사람은 아마 무능한 사람일 거라고 나는 추리한다.

아서 밀러의 희곡 〈세일즈맨의 죽음〉에서 중년 월급쟁이 윌리 로먼이 아들에게 기대를 걸면서,

"그래, 비프야.

지금 회사에서 성공하려면 남들한테 미움을 받으면 안 돼.

모두가 너를 좋아해야 해."

이런 말을 하는 대목이 있는데 참 웃기는 착각이다. 그리고 그런 처세술에 사로잡혀 있었기 때문에 윌리 로먼은 평생 출세를 못 한 채 죽어갔던 것이다. 인간에게는 원래 확실한 평가 같은 게 존재할 리가 없었다.

욕이란, 사실 인간을 변혁시켜나가는 에너지의 원천이다. 그리고 욕이야말로 사회를 효과적으로 만들어가는 하나의 조건이다.

그런 사실을 알면 당연히 모두가 칭찬하는 사람이 되기보다 욕을 먹는 사람이 되는 게 출세하는 비결이라고 생각

될 것이다. 그리고 그러기 위해서는 우선 당신이 먼저 욕을 해야 한다고 결심하고 시도를 해야 한다.

자, 이 책을 다 읽으면 우선 가까운 사람에게 얼른 욕을 해보시라.

박물관에서 살해되다

그로테스크 박물관을 견학하고 왔다. 니혼대학의 대학 축제에서 영화과 학생들이 만든 것으로, 일반적인 대학 축제의 전시회와는 성격이 완전히 달랐는데, 관객이 견학하는 것이 아니라 '체험'을 당한다는 약속하에 개최된 일종의 '의식' 같은 것이었다. 나는 이 행사의 리더인 아다치*라는 학생이 만든 영화 〈그릇〉을 높이 평가하고 있었기에 부리나케 이 의식에 참석하러 갔던 것이다.

우선 우리 견학자들이 행사장에 들어가자 출구를 막아버렸다. (나무로 만든 문이며 비상구에 모조리 못을 박아놓아서, 빼주기 전에는 밖으로 나가지 못하게 되어버렸다.)

---

*
아다치 마사오足立正生.
나중에 영화감독, 각본가,
배우로 활약한다.

그리고 행사장은 캄캄했다. 안에는 남자 관객이 오륙십 명, 여자 관객이 이삼십 명(모두 학생들)이 있었다. 조명 대신 천장에 매달려 있던 건 뇌를 적출한 소의 머리였다. 그리고 그 속에 세워놓은 새빨간 양초(?) 덕분에 우리는 간신히 행사장 안을 손으로 더듬어가며 걸을 수 있었다.

잘 보니 암흑 한구석에 책형*을 당한 목 없는 소 한 마리가 있었다. 여기저기에 꿈틀거리는 것들이 있어서 토끼나 새끼 고양이인 줄 알았는데, 자세히 보니 내 발치로 셀 수 없이 많은 도롱뇽이 기어 다니고 있었다. 나는 몹시 섬뜩함을 느꼈다. 뱀이 제단 기둥 아래에서 위로 기어 올라가는 모습도 이상했지만, 스피커에서 흘러나오는 "항아리 안에 흰 뼈가 있지. 뼈 속에는 흰 피가 흐르지"라는 주문 같기도 하고 시 같기도 한 말도 이상한 분위기를 풍겼다.

뼈가 삐거덕거리는 것 같은 음악이 들리고, 사제들이 흉기를 들고 나타나더니, 조명이 시뻘겋게 제단 앞을 비추기 시작했다.

처음에 살해당한 것은 산양 아니면 개였다.

그것은 영화 〈몬도 가네〉처럼 단박에 죽지 않고, 잠시 경

---

*
기둥에 결박해 죽이는 형벌.

련을 하고 죽었다. 그리고 내장이 끄집어내지고 제단에 바쳐지자 대학살이 시작되었다.

한 사제는 도롱뇽을 한 마리씩 움켜쥐고는 바늘로 벽에 박았다. 벽에 박힌 도롱뇽은 피를 흘렸고 그것은 상형문자를 떠올리게 했다.

어느 사제는 토끼를 잡아 배를 가르고 산 채로 내장을 꺼내서 핀셋 끝으로 살살 건드리고 있었다. 또 다른 사제는 피투성이가 되어 죽어가는 개의 숨통을 끊으려고 발로 차고 때리기도 했다. 금세 피비린내가 어둠 속을 가득 채우고 견학하는 사람들이 피운 담배 연기가 자욱하게 피어올라 '지옥'이 펼쳐졌다. 심약한 여대생은 행사장 구석으로 가서 구토를 했고, 그 토사물 주위로 도롱뇽이 기어 다녔다. 절단된 뱀을 닭 꼬치처럼 꼬치에 끼운 채 젊은 사제가 뛰어다니고, 그것에 맞춰 리듬을 타며 껌을 씹는 여대생들도 그중에 있었다. 대부분의 견학자들은 '이 정도로는 안 놀라지'하는 표정이었다.

불에 그을리며 타들어가는 쥐의 악취. 그리고 점점 높아지는 음악. 지푸라기 속에는 팔이 뒹굴고 있었다. '사람 팔인가?' 하고 보니 아무래도 그건 마네킹 팔 같았다. 하지만 손이 닿지 않는 곳에 있어서 확인할 수는 없었다. (나중에 물어보니 클라이맥스에서 여자가 알몸으로 튀어나와 아메노우즈메노미코토天宇受賣命*처럼 제단 앞에서 춤을 추려고 했는데, 대학 당국에 저지당했다고 한다.)

나는 그로테스크 박물관에서 한껏 즐겼지만, 여기에는 두 가지가 결여되었다는 생각이 들었다. 그건 바로 '외설'과 '공포'라는 개념이다. 왜냐하면 어둠 속에 두 시간도 넘게 모르는 남녀가 감금되어 있으면서도 남학생 누구 하나 여학생의 엉덩이를 만지려고 하거나 덤벼들지 않았는데, 그것은 그들이 아주 제정신인 견학자였지, 체험자는 아니었다는 걸 증명하기 때문이다.

"난 기대를 했거든요."

한 여학생이 농담처럼 불만을 말했는데, 의외로 이게 관객의 진심이었을지도 모른다. 즉 극한 상황에서의 쾌락이 단순히 '보기'만 하는 객관적 형태가 아니라 좀 더 제전 참가자들의 이상한 리고리즘**을 걷어낸 형태로 펼쳐졌어야 했다.

---

*
일본 선禪신화에서 태양의 여신 아마테라스가 동굴에 숨어 세상이 어둠에 잠기자, 알몸으로 춤을 추어 아마테라스를 동굴 밖으로 나오게 한 새벽의 여신.

**
Rigorism. 엄숙주의. 도덕적으로 엄격한 규율을 정하고 그에 따르려는 창작 태도.

나아가 다른 불만. 이게 아주 결정적인데, 토끼나 개를 죽이는 사제들이 조금도 두려워하지 않았다는 사실이다. 공포를 동반하지 않는 살해는 '소아성욕적'이며 진정한 쾌락과 이어지지 못한다.

떨리는 손으로 고양이를 목 졸라 죽일 때, 진정한 흑미사* 속에 자유에 대한 인간적 욕망이 숨겨져 있으며, 그것을 보는 사람이 놀라게 되는 것이다. 그리고 바로 그런 공포 속에 현대를 살아가는 우리의 진정한 일상 파괴의 논리가 숨겨져 있는 게 아닐까.

낙서를 하자

대학교 화장실의 낙서가 국립국어연구소가 감수한 『언어생활』(126호)에 실렸다.

예를 들면

"야, 왜 그렇게 머리가 벗겨졌어?"

---

*
로마 가톨릭 교회에
반발하는 사탄 숭배자의
의식.

"걱정거리가 있어서 그래."

"무슨 걱정거리?"

"머리카락이 가는 게 걱정이라서 말이야."

↓

얘, 왜 이렇게 센스가 없냐!

↓

맞아, 얘는 바보야.

↓

나도 그렇게 생각해, 이 녀석은 바보야.

↓

어쩌면 이렇게 바보 같지!

이렇게 연쇄적으로 발전해가는 논쟁 형식이 많았는데, 이걸 보고 많은 생각을 하게 됐다. 내가 대학생이었을 때, 낙서를 읽는 게 흥미로워 항상 다른 화장실에 들어갔고 (마치 식당에서 모든 메뉴를 돌아가며 먹어보는 것처럼) 다양한 낙서를 다 읽어보려고 화장실을 돌아다닌 적이 있다. 그리고 그때 가장 의외였던 건 대학교 화장실에는 섹스에 관한 낙서가 적었다는 점이다.

그런데 우에노역의 공중화장실이나 메지로의 가와무라 여대 앞 공중화장실에 가보면 양상이 완전히 달라진다. 긴즈버그의 시는 저리 가라 할 정도의 사실주의와 시마쿠라 지요코*와 사귀는 공상이 리얼하게 표현되며 삽화까지 들어가는데, 대학교의 낙서는 얼마나 진지한지.

그런 생각을 하며 크게 실망했던 기억이 있다.

예를 들면 내 모교의 화장실 낙서는,

> 내적자유와 외적자유를
> 혼동해서는 안 된다
> 바라는 자에게 내적자유가
> 없을 수 있을까.
> ↓
> 화장실 낙서는
> 내적자유냐?

이런 식의 낙서가 대다수였다. 여기에는 오랫동안 쓰고

---

*
島倉千代子. 일본의 가수.

싶었는데 쓸 기회를 잡지 못했던 것을 '쓰는 기쁨' 같은 게 전혀 없고, 읽는 사람을 의식한 작위성만 느껴진다.

이건 마치 오사카역 앞 소네자키 경찰서에 있는 시민을 위한 낙서판 '화나는 일이나 사회에 대한 제안 등, 생각나는 대로 무엇이든 쓰세요'의 화이트보드에 통쾌함을 주는 낙서가 없는 것처럼 관람자 대중의 호응을 얻으려다 낙서로서 추락해버린 탓인 것 같다.

애초에 남들 앞에서 큰 소리로 말할 수 있는 대의명분을 낙서한다는 건 자신의 존재가 획일적 사회의 도구가 되어버렸다는 것을 뜻한다.

받아들이는 사람이 어떻든 타자를 의식하지 않고 쓰는 즐거움에만 몰두할 수 있는 순수하고 반문학적 기록이 낙서이고, 그것을 일기처럼 보관하는 게 아니라 여러 사람의 똥이 모이는 곳에 배설하고 오는 데 낙서의 재미가 있는 것이다.

대학교 화장실 낙서에 가장 많이 등장하는 것은 천황이고, 거리의 공중화장실 낙서에 가장 많이 등장하는 것은 오스타 짱*이었다고 한다. 그러나 '모두 황족'이라는 점 외에는 아무런 공통점이 없다.

왜냐하면 "천황의 존재 이유는 무엇인가, 합리성에 뛰어난 전후파 청년이여 여기서부터 생각하라" 같은 대학생의 관념적 낙서는 공중화장실의 오스타 짱에 대한 (여기에 재현해내기 어려운) 투박하고 사실적인 성적 공상 미학에 비하면, 아무런 비판성도 없기 때문이다.

나는 최근 학생운동이 정체된 원인 중 하나로 화장실 낙서에서까지 욕망을 규제해버리는 따분함을 꼽는다.

좀 더 과감하게 낙서를 할 수 있는 자유로운 정신이야말로 청년의 권리이자 모든 인류의 권리가 아닐까.

(이건 여담인데 이전 홋카이도 하코다테의 춥고 갈매기 소리가 들리던, 판자 사이로 거친 바다가 보이는 어두운 공중화장실의 낙서가 지금도 떠오를 때가 있다.

그것은 비참하고 돌이킬 수 없는 고백이었는데, 연필로 쓴 거의 눈에 띄지 않는 참회였다.

"엄마 늦었어

---

*
히로히토 천황의 막내딸.
밝은 성격과 뛰어난
패션 감각으로 '오스타
짱'이라는 애칭으로 불리며
국민적인 인기를 얻었다.

사람을 죽였어"

 그러나… 어떤 사건이었는지 범인이 잡혔는지, 나는 결국 알 기회가 없었다.)

바람이 불면 통 장수가 돈을 버나[*]

 석간신문에는 여러 사건이 실린다.
 예를 들면 7면(1962년 11월 28일자 『아사히신문』 석간)만 펼쳐봐도 '젊은 모자 세 명 자살' '런던 공항에 강도' '중앙선에서 치여 즉사' '소매치기가 소매치기를 위협' 등등이 있다.
 그걸 보다가 나는 테이블 위 수화기를 들었다. 그리고 굉장히 충동적으로 아무 번호나 눌렀다.
 "여보세요."
 전화를 받은 사람은 젊은 여자 같았다.
 "실은 좀 여쭤보고 싶은 게 있어서요."

---

[*] 바람이 불면 흙먼지가 날려 눈에 들어가 맹인이 늘고, 맹인처럼 샤미센 연주를 하며 생계를 유지하는 사람이 많아지니, 샤미센을 만드는 데 고양이 가죽이 많이 필요해지고, 고양이가 줄면 쥐가 늘어나고, 늘어난 쥐가 나무통을 갉아먹어 나무통 장수가 돈을 벌게 되어 좋아한다는 말이다. 나비효과와 같은 의미의 일본 속담이다.

"아, 네."

여자가 대답했다.

"오늘 후나바시에서 모자 세 명이 생활고로 자살을 했는데요, 신문 읽으셨어요?"

"네."

"어떻게 생각하세요? 그 사건요."

"글쎄요, 특별히… 다만 안쓰러운 일이라고 생각했죠."

"그게 다인가요?"

"…"

"당신은 그 사건에 아무 책임도 느끼지 않습니까?"

"물론 책임은 느끼고 있죠."

그리고 여자는 덧붙였다.

"책임은 느끼지만 제 힘으로 어떻게 안 되는걸요."

나는 바로 전화를 끊고, 다른 번호를 눌렀다.

마침 그곳은 메밀국숫집이어서 일단 끊고 다른 데다 걸자 이번에는 중년 남자가 받았다.

"여보세요."

"실은 좀 여쭤보고 싶은 게 있어서요."

"어디신데요?"

"××신문사인데요…. 오늘 중앙선에서 치여 가사 도우미 한 명이 즉사했는데 아십니까?"

"아뇨, 모릅니다."

"치인 사람은 미타무라 마사코라는 스물여덟 살 된 가사 도우미인데, 고가네이에서 무인 건널목을 건너려고 할 때 갑자기 열차가 질주해온 모양입니다.

그런데 아는 분은 물론 아니시죠?"

"모르는 사람이죠."

"그러면 이 죽은 가사 도우미에 대해, 아니 좀 더 확대시켜서 이 사건 자체를 어떻게 생각하시는지 여쭙고 싶은데요."

"아무것도 느끼지 않습니다."

"그렇군요.

그럼 그 교통사고에 선생님은 아무런 관련도 없고, 책임도 느끼지 않으신다는 말씀이군요."

"책임요?"

"네, 선생님의 책임 말입니다."

"그야…. 물론 책임은 느낍니다. 시민의 한 사람으로서 책임은."

아, 그러시군.

과연.

역시 '책임은 느끼는 건가'. 그렇게 생각하자 나는 뭔가 엄청나게 유쾌한 기분이 들기 시작했다.

물론이라며 힘주어 말하는 말투는 대체 어디서 오는 걸까. 그것은 상당히 흥미로운 문제다.

그리고 누구나 이런 연대감을 잠재적으로 갖고 있다고 생각하니, 휘파람이라도 불어주고 어깨라도 두드려주고 싶은 기분이 들었다.

물론, 지극히 시니컬한 의미를 담아서 말이다.

나는 그 뒤로도 네 명에게 전화를 해보았는데, 대답은 거의 비슷했다.

중학생 소년은 벨기에의 탈리도마이드 유아 살해*에 '책임을 느낀다'고 했고, 어느 절의 스님은 '요코하마의 철근 도둑'에게 책임을 느낀다고 했다.

소녀는 에다 비전**의 패배에 책임을 느낀다고 했고, 내가

---

*
벨기에서 입덧 치료제인 탈리도마이드를 복용하고 기형아를 출산한 산모가 아기를 살해한 사건.

**
1962년 일본사회당 대표 에다 사부로가 일본 사회 구조 개혁을 주장하며 내놓은 미래 구상.

힐문하자 소심한 직장인은 오즈 야스지로 감독이 예술원 회원으로 추대된 데에까지 책임을 느낀다고 대답했다.

전 국민 총책임 시대이다. 사람들은 자신의 존재가 사회와 연대하는 것에 엄중한 책임을 느끼고, 우에키 히토시가 주연한 영화 〈일본 무책임 시대〉는 공전의 히트를 했다.

이 정도 상황이면 나는 절실한 고독을 느끼지 않을 수 없다. 모든 것에 '책임을 느끼는' 사람은 하나도 책임지지 않는 게 아닐까. 그 이상적인 사회의식은 엄격한 고립을 매개로 하지 않는 한, 어떠한 책임과도 관계없는 분위기적 책임의식으로 치환되어버리는 게 아닐까 걱정되었다. 카뮈의 단편소설 주인공처럼, 추운 밤 강에 빠진 사람을 목격했으니 뛰어들어 구하지 않을 수도 없고, 그렇다고 헤엄은 칠 줄 모르고…. 그래서 결국 책임을 느껴 강가를 지나다니지 않기로 했다는 사람들에 의해 성립하는 책임 과잉의 시대를 사는 사람들. 그것이 현대인들, 특히 문명인들에게 책임이라기보다 '잘 살아가는 요령'이 되어버린 것은 아닐까.

그리고 나는 지금이야말로 엄중히 책임의 의미가 시험대에 올라야 할 때이며 '바람이 불면 통 장수가 돈을 버는 식'

으로 줄줄이 전가하는 책임 이전에, 바람과 어떻게 대결할 것인가 하는 문제를 끝까지 파고들어야 한다고 생각했다.

어떤가?

당신은 이 글에 책임을 느끼고 있는가?

제3장

저항예찬
反俗のすすめ

남루한 교향악

일본 최초의 양공주는 요시와라의 오토키라는 여성이라고 한다.

나는 그 오토키 씨를 어제 긴자 가스홀 빌딩에서 열린 모임에서 잠깐 보았다.

그리고 안나 마냐니*나 멜리나 메르쿠리** 같은 그 품격에 다소 압도되는 동시에 자신감 넘치는 '밝은 표정'이 멋있어서 그야말로 넋을 잃고 바라보았다.

사실 나는 '표정이 밝은 창녀'가 옛날부터 좋았다.

(요코야마 겐노스케***는 성냥 공장이나 방적 공장의 여공들이 팔 게 아무것도 없이 매춘의 자유조차 갖지 못하고, 성적 착취에 대한 반발로 폭동을 일으켰던 일본 하층사회의 어두운 면을 지적했는데, 나에게는 똑같이 매춘을 하더라도 더없이 비장한 모습으로 거리에 서 있는 '어두운 표정의 매춘부'보다는 언뜻 봐도 즐거워 보이는 '밝은 표정의 매춘부'가 훨씬 스케일이 크게 느껴진다.

물론 밝은 표정을 지어도, 그것이 사회의 불합리함을 모

---

*
Anna Magnani. 이탈리아의 영화배우.

**
Melina Mercouri. 그리스의 영화배우, 가수, 정치가. 그리스 문화부장관을 지냈다.

***
横山源之助. 저널리스트, 사회문제 연구가.

두 긍정하고 있어서 밝은 것은 아니고 '얼굴은 웃어도 마음으로는 울고' 있는 것이라 해도 좋다. 중요한 건 비틀린 사회의 '웃어넘길 수 없는' 상황 속에서도 웃을 수 있는 내면의 힘만이 실제로 변혁의 힘을 만들어낼 것이라는 점이다.

나는 '웃으면서 사람을 베는' 검술의 대가가 울면서 원수를 갚는 사무라이보다 훨씬 좋다.

그게 더 좋은 이유는 전자가 훨씬 더 강해 보이기 때문이다.)

그런데, 내가 갔던 어느 모임은 정식 명칭도 '어느 모임'인데, 서브타이틀은 '남루한 페스티벌'이었다.

안내장을 읽으면 모임 내용을 바로 알 수 있다.

> ¶ 긴자 신주쿠의 스타 엔카 악사*의 리사이틀.
> ¶ 그림 연극 대가의 공연.
> ¶ 오늘날 스트립 공연 활성화를 이끈 원조 리바이벌 스타의 스트립 열연.
> ¶ 넝마주이가 만든 영화.

---

*
길거리에서 바이올린을
켜며 유행가를 부르고,
가사집을 팔던 사람.

프로그램은 이렇게 구성되는데, 집시 로즈* 같은 리바이벌 스트립 댄서부터, 거리의 무명 캐리커처 화가까지 올스타 캐스팅 공연이었다.

나는 이 모임에서 처음으로 기타 선율에 맞춰 목을 매다는 퍼포먼스도 보고 넝마주이의 시 낭독을 접하며 그 '밝은 표정'에 마음을 빼앗기면서도, 이런 구성의 의도가 지나치게 감상적인 게 살짝 마음에 걸렸다.

그리고 보니, 레퍼토리가 하나같이 파격적이었지만, 어딘가 동정적이고 우아했던 것 같고, '웃으면서 사람을 벨' 정도로 유머가 압축되어 있지도 않은 것 같았다. 나는 어두운 객석에서 무대 위의 목 매달기 퍼포먼스를 보며 멍하니 있었다. 그리고 그들의 페스티벌이 페스티벌 본연의 열광적인 면이 부족한 건 어쩌면 부르주아 계층의 사람들보다 성적 능력이 떨어지기 때문일 수도 있다는 생각이 들었다.

물론 성적 능력은 음식과 적당한 운동으로 유지되므로 비프스테이크를 먹을 수 없는 남루한 사람들이 상류사회 사람들보다 능력이 뒤지는 것도 어찌 보면 당연한 일일 것

---

*
후쿠오카 출신의 스트립
댄서. 본명은 시미즈
도시코.

이다.

그러나 그날 밤 본 집시 로즈의 육체는 역시 파괴력과 큰 웃음을 가지고 있었다고 생각한다. 지난번에 시인 세키네 히로시를 만났을 때 그는 신주쿠 거리에서 한탄했다.

"요새 스트립 댄서들은 가슴이 작아졌어!"

확실히 이 '남루한 페스티벌'에서는 요즘 남루파보다 예전 남루파가 성적 스케일도 더 크고 웃음도 크지 않았나 한다.

이 모임의 중심인물 '헤이 씨' 즉 요시무라 헤이키치라는 사람을 안다.

나는 헤이 씨가 대학을 나와서 호객꾼이 되었다는 데 흥미를 느끼고, 주간지를 통해 한 번 대담을 한 적이 있었다. 그런데 이 '헤이 씨'는 연극을 상당히 좋아해서, 이차세계대전 직후 공기극단*에서 공연한 〈육체의 문〉의 프로듀서를 맡기도 했는데, 그와 나는 드라마가 있어야 화제성이 높다는 점에서 의견 일치를 보았다. 그는 나에게 이런 제안을 했다.

---

*
이차세계대전 전후로
오락성이 강한 연극을
올리던 극단.

"남루한 이 멤버들이 텔레비전에 나온다면, 각자 대본을 연기하는 게 아니라 애드리브로 스트립 댄서가 옷을 갈아입고, 조폭이 인사 연습을 하고, 캐리커처 작가가 화를 내고, 엔카 악사가 노래를 틀리고…, 거리에서 일어나는 일을 그대로 하기만 해도 일상성을 파괴할 만한 펀치가 있을 거라고 생각합니다. 거기에 플롯을 조금 짜넣기만 하면 말이죠."

나는 그 의견에 대찬성이었다.

그리고 이 남루한 교향악이 텔레비전에 나오면 아주 유쾌할 것 같다는 생각에 폭소했다. … 아무쪼록 남루한 여러분.

그만한 활력은 텔레비전에 출연할 날까지 아껴두기를… 이렇게 바라며 나는 '어느 모임' 안내 데스크에 비타민제를 살 정도의 기부금을 내고 돌아왔다.

말을 거는 날

 사람은 변장하는 습관을 가져야 한다. 개인이 개인으로 살 수 없는 사회구조에서 적어도 다른 누군가로 변신하기 위해 휴일에 안경을 쓰고 머리 모양을 바꾸고, '세상의 눈을 피해 가짜 모습'으로 거리로 사랑을 찾아 나가보는 식으로, 그런 즉흥적인 아이디어를 실천해봐야 하지 않을까.

 가면무도회부터 가장 카니발까지 원래 '축제'는 자신의 역할을 잊을 수 있다는 점에서 의미가 있었다.
 직업을 바꾸는 건 직능이 전문화된 사회에서는 사고의 원인이 되지만, 인격을 바꾸거나 옷을 바꿈으로써 '다른 사람이 되는' 정도의 모험은 해볼 만하지 않은가.

 현대에 와서 변장은 사기꾼이나 형사의 특권이 되었지만, 일상이 변화무쌍한 사람보다 그렇지 않은 사람들이 오히려 변장하고 싶은 욕구가 강할 거라는 게 내 생각이다.

지저분한 이야기를 하는 모임.

부끄러운 이야기를 하는 모임.

하면 안 되는 이야기를 하는 모임.

이런 식으로 '이야기하는 게 즐거워지는' 작은 모임이 더 많이 열려도 좋을 것이다. 그리고 파티가 끝나면 사람들이 사라져버리듯이, 대화 내용도 모조리 사라져버리는 모임에서 카타르시스를 발견할 수 있는 그런 모임이야말로, 구전 문예나 즉흥시인이 성장할 수 있었던 토양이 아니었을까.

모르는 사람끼리 서로 말을 걸어도 이상하게 보이지 않는 날을 하루 만들어 전국에서 단체 미팅 하는 날처럼 지내는 것도 필요하지 않을까.

기념일처럼 만든 '말을 거는 날'이 조금씩 활성화되면 사람들은 서로 자유롭게 친구를 만들어갈 것이다.

그런 일이 처음에는 미국의 나체주의자 클럽 같은 형태로밖에 평가받지 못한다 해도, 그러면 좀 어떤가.

방목

불량배는 왜 '배輩'라고 할까?
깡패는 1인 단위로는 성립되지 않는지 궁금하다.

그래서 '배(집단)'와 '외로운 늑대(혼자 행동하는 사람)'를 비교함으로써, 나카이 마사카즈*의「위원회 논리」식으로 불량배의 성격을 파악해보려고 했는데 아무래도 잘되지 않았다. 원래 불량배도 '이윤을 추구하는 집단적 기관'이며, 깡패 한 명의 내부 구조와 기본 성격이 다르지는 않을 텐데, 왜 조직이라는 느낌이 없을까.

그런 생각을 하며 신주쿠에서 어느 불량배 집단의 청년을 만나보았다.

그는 돗토리의 장의사 집 차남으로, 가출한 뒤 도쿄 후카가와에 있는 텔레비전 공장에서 일하다가, 콜걸 사무소의 전화 담당 아르바이트를 한 게 계기가 되어 지금은 유흥업소 여러 개를 운영하는 보스 밑에서 일하며 이름 꽤나 날리고 있었다.

---

*
中井正一. 일본의 미학자,
평론가, 사회운동가.
1936년 발표한 논문
「위원회 논리」에서 인간의
집단 사고의 이상적 형태를
이론적으로 설명했다.

그래서 나는 그에게 '불량배 조직의 집단적 성격에 대해서' 물어보았다.

우선 한 사람의 눈에 해당하는 게 폭력배 집단에서는 '망보기'이다. 그리고 사람의 결의에 해당하는 것이 집단에서는 '간부회', 그리고 사람의 상처에 해당하는 것이 '구속을 당해 결원이 된 사람'인 셈이다. 그런데 사람의 반성에 해당하는 것이 무엇인가 하면 '손을 씻는 일'이고 그건 집단에서 사라진다는 뜻이다. 그리고 한 사람의 '사유思惟'라는 것은 집단 내에서 벌어지는 '집안싸움' 또는 '분란'이라고 할 수 있다고 한다.

그래서 나는 장의사 집 아들에게 "결국 한 인간으로서 깊어가는 과정을 집단에 적용하면 집단은 해산되겠네요"라고 하자, 그는 머리를 긁적이며 싱긋 웃었다. 그래서 내가 불량배 집단에서는 하나의 조직이라는 느낌보다 오히려 '심신의 통제적 조화'가 더 멋있는 건가 싶어 물어보니, 그는 말도 안 된다며 자기는 지금 조직에 속해 있어 무한한 자부심을 느낀다고 대답했다.

그러나 그건 아마 거짓일 것이다.

나는 깡패 정신이 획일적 경향에 대한 반발이라는 형태로 크든 작든 '개인' 안에 뿌리 깊게 남아 있을 거라고 생각한다.

따라서 아마추어 불량배 집단이든 프로 불량배 집단이든 '불량배'로서 사회에 참여할 때만큼은 '혼자여야 한다!'고 생각한다. 집단이 유기적으로 '새로운 내부 감각'을 만들어 갈 때, 개인은 항상 다른 한쪽의 무게추처럼 심신의 균형을 생각해야 한다.

즉, 반항적 인간으로서 역사와 관계를 맺으려면 항상 불량배 집단은 외로운 늑대 무리여야 한다는 점을 생각해볼 필요가 있다.

불량배 집단의 조직 속에서 각각의 능력에 맞춰 서기나 회계 일을 하는 것은 보통 회사와 거의 다르지 않다.

그러나 불량배 집단은 본래 훨씬 독특한 존재였을 것이고, 모리노이시마쓰[*]도 구쓰카케 도키지로[**]도 그 저항 정신이 드러났을 때는 '혼자'였던 것을 떠올리기 바란다.

나는 장의사의 아들인 불량배를 보고 월급쟁이가 다 되

---

[*] 막부 말기에 활약했다고 알려진 협객.

[**] 희곡 〈구쓰카케 도키지로〉의 주인공. 의도치 않게 사람을 베어 죽이는데, 죽은 사람의 아내에게 반해 그녀를 위해 목숨을 거는 인물.

어버린, '잘나간다고 우쭐해하는' 깡패라는 느낌밖에 들지 않았는데, 좀 더 치열한 고립감을 갖고 기세등등하게 걸었으면 하는 바람은 어차피 지나친 욕심일까.

(아무래도 최근에는 프로 불량배보다 아마추어 불량배가 훨씬 집단 속의 개인이라는 인식을 강하게 갖고 있는 것 같았다. 이게 내 감상이다.)

용서하면 안 된다

아프리카 어느 지방의 오래된 두 농가 집안이 교대로 원수를 갚다가 대가 끊어지고 어느 쪽과도 관계가 없는 노인만이 홀로 살아남은 마을이 있다는 이야기를 들은 적이 있다.

나는 그 집념에 감탄하며, 아직 철도도 없는 마을 양지에 물소가 다닐 것 같은 마을에 홀로 '목격자'로서 수십 년 동안 상호 살육을 보며 누구에게도 이야기하지 않고 호젓이 사는 노인을 만나보고 싶다는 생각까지 들었다.

세계에서 복수심이 가장 강한 게 이탈리아인이라는데, 지금은 그 이탈리아에서도 충격적인 복수 사건은 잘 일어나지 않는다.
"이탈리아인은 결코 용서하지 않는다. 다만 잊어버릴 뿐."
이런 말도 있는데, 그렇다면 일본은 어떨까.
내 생각으로는 일본인은 이탈리아인과 정반대라,
"일본인은 바로 용서한다. 그러나 좀처럼 잊지 않는다."
이런 논리가 성립할 것 같다.

우리는 주변에서 자주 "괜찮아, 괜찮아"라며 가볍게 용서하는 광경을 보게 된다. 예를 들면 누가 소중한 것을 깨버렸다거나 빌린 돈을 안 갚는 것처럼 사소한 것부터, 학생운동을 포함해서 반체제운동가들이 체제 측에 완전히 배신을 당했을 때도 그렇다.
예를 들면 사람들은 스스로 신념을 어기는 것도 쉽게 용서한다. 태세를 빠르게 전환하는 것도 이제는 하나의 현실적 이데올로기라고 생각하게 되어버린 걸까.

(그렇다고 여기서 절개를 지킨 사상가를 제외하고 모두 자기 복수를 해야 한다고 말하려는 것은 물론 아니다. 오히려 정숙함이란 정열의 나태함이 드러나는 방식이라고 할 정도니, '변신'이 느린 행동가는 와카치치부 선수처럼 여러 스모 등급에서 활약하지 못할 것이다.

그리고 안보 투쟁* 당시 한 소녀의 죽음을 되갚아주자던 에너지는 어디로 가버린 거냐며, 잠복해 있을지도 모를 현대의 주신구라忠臣蔵 마흔일곱 명의 무사**에게 독려를 하려는 것은 아니다. 악역이 분명하지 않은 경우의 복수는 내가 가장 어려워하는 부분이다.)

나는 좀 더 일상적인 문제를 말하려는 것이다. 모두 평소에 복수의 피를 좀 더 데워둬야 하지 않을까, 항상 '눈에는 눈' 정신을 가지면서 집념으로도 살아갈 수 있는 호흡이 긴 삶을 배워야 하지 않을까 한다.

---

*
1960년과 1970년에 미일안전보장조약 개정에 반대해 일어난 일본의 대규모 시위 운동.

**
주신구라는 인형극과 가부키 레퍼토리의 하나로, 주군을 잃은 무사 마흔일곱 명이 복수하는 내용.

나는 만나는 사람마다 코넬 울리치의 추리소설『상복의 랑데부』를 추천하는 이상한 습관이 있는데, 이런 내용의 소설이다.

매일 공원에서 데이트하는 가난한 연인이 있었다.

어느 날, 남자가 평소보다 오륙 분 늦게 갔는데 연인이 죽어 있는 것이다.

비행기에서 누가 던진 빈 위스키병에 맞아 죽은 것이었는데, 비행기에 타고 있었던 사람들은 주말 낚시 여행에서 돌아오던 도시의 부자 일행이었고 그중에 누가 범인인지는 모른다.

그 뒤로 남자는 비행기 회사에 취직해서 그날의 승객 명단을 조사하고, 그들에게 차례로 복수하는 것이다. 더구나 그저 죽여버리는 평범한 복수가 아니라, 원수에게 '가장 사랑하는 사람이 죽으면 얼마나 괴로운지' 알 수 있게 하는 방법으로. 즉 그들의 가장 사랑하는 사람을 찾아서 죽이는 수년에 걸친 끈기 있는 방식이다.

나는 이 남자 조니 마를 사랑하는 동시에, 복수라는 미학

(지극히 인간적인)의 복권을 제창하려 한다. 복수야말로 인간의 자존심을 회복시키는 유일한 가능성이 될 수 있을 것이다.

당신 주위에 당신이 쉽게 용서해버리고 후회하는 원수는 없는가?

환멸하는 그들

당신은 누군가에게 기대하고 있는가?

만일 누군가에게 기대하고 있다면, 그 기대가 충족될 거라고 생각하나?

나는 기대한다는 행위도 하나의 '충족된 상태'라는 식으로 생각한다.

토마스 만의 단편소설 「환멸」에 평생 환멸을 느끼며 사는 늙은 사내가 나온다. 그는 화재를 너무 기대했기 때문에 실제 화재가 난 걸 봐도 아무런 감흥도 생기지 않았고, 바다를 너무 갈망했기에 실제 바다를 봐도 환멸을 느낄 뿐이었다.

(토마스 만의 소설은 죽음에 대해 말하는 소설이라서 기대가 큰 현대인을 이야기하기에 딱 좋은 예는 아니지만, 어쨌든 현대에는 '기대하는' 사람이 정말 많다.)

안토니오니 감독의 영화 〈밤〉에서는 사업가와 예술가가 격렬하게 서로 기대하고, 또 죽어가는 사람과 살아남은 사람이 서로 격렬하게 기대한다.
그런데 사람은 왜 기대를 하는 것일까?

엄마는 아이에게 기대하고, 아이가 어른이 되어 새처럼 자신의 곁을 떠나버리면 으레 '기대를 저버렸다'면서 슬퍼한다.
그러나 기대라는 것은 그 자체로 하나의 성숙이지, 무엇인가를 위한 희생적 준비 기간도, 다음 각성을 기다리는 공백 상태도 아니다.
'기대한다'는 사실에 너무 기대하면 환멸을 느끼게 된다.
그런 줄 알면서도 그래도 역사에, 아찔한 모험에 기대하는 것은 어리석은 일이라고 할 수밖에 없다. 나의 기대는 나 자신이 지금 존재한다는 것이다.

이건 공백 상태가 아니다.

실제로 내일을 기대하고 있다는 이 느낌을 받았을 때 찾아오는 눈이 번쩍 뜨이는 기습적 감각 이외에 달리 무슨 기대가 있을까.

밉고 미운 블루스

내일은 도쿄로 떠날 거니까
무조건 이겨야 하네

파친코 가게에서 무라타 히데오*의 「장군」을 들으며 파친코를 하는 사람들에게 "「장군」의 어디가 좋은가?" 물어보니, 열 명 중에 여덟은 처음에 인용한 이 부분이 좋다고 대답했다.

내일은 도쿄로 떠날 거니까

---

*
村田英雄. 일본의 엔카
가수, 배우.

무조건 이겨야 하네

가출하기 전날 밤의 마음을 노래한 이 곡이 유행한 이유는 '다 죽었어, 도쿄!'라는 식으로 이윽고 참가할 경쟁을 앞두고 지방 사람의 문명 혐오의 피가 들끓고 있기 때문일지도 모른다.

나는 이 노래를 들을 때마다 시카고의 넬슨 올그런Nelson Algren의 소설 『돌아오지 않는 아침』을 떠올린다. 지방 출신의 왼손잡이 건달이 이발소에서 일하면서 복서로 자아를 형성해가는 묵직한 블루스 같은 이 소설은, 읽을 때마다 지방 출신인 나를 감동시켰다.

나는 원래 복싱을 좋아해서 아사쿠사 공회당에서 열리는 시시한 4차전 시합도 자주 보러 가는데, KO가 나온 밤이면 체육관 출구의 관중이 모두 '자신이 KO시킨 것처럼' 어깨에 힘을 주고 눈을 빛내며 나온다.

아마 시합의 열기에 감동해서만이 아니라 '자신을 대신

해서 싸운' 선수와 자신이 혼동되어 괜히 자신도 용감한 기분이 되어버리기 때문일 것이다. 그와 마찬가지로 무라타 히데오의 「장군」이라는 노래에서도 사카타 산키치라는 장기 기사가 주인공인데, 노래를 흥얼거리는 사람들은 '불면 날아갈 듯한 장기말'과는 관계가 없는 자기 노래라고 믿고 있는 것 같다.

대부분의 복서가 지방 출신인데, 「장군」의 팬도 역시 지방 출신이 많다.

복싱에서는 주먹에 자신의 가치를 걸고 싸우는 지방 출신 복서의 격렬한 힘 뒤로, 어두운 전원과 농촌의 인습인 '집'의 속박이 불꽃을 튀기며 때려 부숴지는 것 같은 박력을 느낄 때가 있다. (마치 복싱 사상 최강의 복서로, 흑인 최초의 헤비급 챔피언이 된 잭 존슨이 백인들이 준 모멸에 대한 복수심만으로 계속 이기다가, 결국 백인 사회 전체로부터 까닭 없이 미움을 받고 미국에서 추방당하면서도, '무조건 이겨야 한다'는 심경을 갖고 있었다는 것과 일맥상통하는 것일지도 모른다.)

그러나 파친코 가게에 죽치고 있는 지방 출신 대부분은 '무조건 이기지' 못했던 사람이 많다. 멍하니 유리 너머로 떨어져 내리는 납 구슬이 움직이는 방향을 눈으로 좇으며 과거 자신의 마음을 노래한 곡을 들을 때의 허무함은 아마 비할 데 없을 정도로 고독할 것이다.

나는 '가출'의 반대말이 무엇일까 생각할 때가 있다. 그러면 귀가라는 말이 생각나는데, 아예 뉘앙스가 달라서 왠지 돌아오기를 기다리는 따스한 느낌을 자아낸다.

그러면 그것 말고 다른 반대말이 없을까 생각해봐도 아무것도 없다. '가출'에는 반대말이 없다.

여기서는 굳이 '이긴다'는 말에 대해 사회학적 분석은 하지 않겠지만, "가출주의자여, 초심을 잊지 마라"라는 교훈을 주고 싶다.

가출할 때 사람들은 '미움'이라는 것을 알았을 것이다. 그 에너지를 잃으면 안 된다는 말이다.

내일은 도쿄로 떠날 거니까
무조건 이겨야 하네

미신을 믿을 권리

재채기에도 여러 가지 해석이 있다.

'코의 점막이 자극을 받아 격렬하게 숨을 내뱉는 반사운동'이라는 것이 의학적 해석인데, 내가 재채기를 하면, "아, 누가 욕을 하나 보네"라고 하는 사람이 꼭 있다. '한 번이면 칭찬을 받고, 두 번이면 미움을 받고, 세 번이면 누가 좋아하고, 네 번이면 감기에 걸린다'는 재채기 횟수와 전조를 결부시킨 미신도 텔레비전이나 라디오에서는 전혀 나오지 않는데도, 지금은 '재채기 세 번에 루루 세 알'이라는 감기약 광고만큼 유명해졌다.

> 귀에서 소리가 나면 사람이 죽고(이명),
> 귓구멍이 가려우면 길조
> 좋은 이야기를 듣게 된다.

이렇게 귀와 관련된 말도 있다.
이런 '미신', 이른바 살짝 비틀린 풍속이라는 것을 미신조

사협의회에서는 "학문적으로가 아니라 사회 정책적으로 규정되어야 한다"고 정의한다.

나는 미신을 더 많이 믿어도 된다는 입장인데, 그렇다고 몽매한 속신(俗信)에 빠지라는 뜻이 아니라, 아이가 '의사 놀이'를 하는 것처럼 '신화 놀이'를 해도 좋지 않을까 하는 정도의 생각이다.

대체로 아이가 '의사 놀이'를 할 때에 아이에게는 또 다른 '눈에 보이는 확실한 사회'가 존재하는 것이 아니라, '의사 놀이'는 일상 속에 짜여 들어간 하나의 작은 의식 같은 것이다.

그리고 현대에서 신화의 위상도 이런 유물론적인 자연과학의 발전과 더불어 '현대과학 이론에 반해 사회생활에 해악을 끼치는 것'으로서 점점 매장당할 운명이다.

(참고로 나는 결코 과학 발전을 반대하지 않는다. 과학이 발전하면서 오히려 이런 허구 세계를 분석하고 해명해서 제거해버리는 것을 반대하는 것이다.

예를 들면 대학 시절 철학 수업에서 '석류는 왜 붉은가'라는 이유를 신화 속 피로 얼룩진 사랑 이야기라며 가와하라 에이호 교수가 설명해주었는데, 이어진 심리학 수업에서 모토아키 히로시 교수가 '망상의 심리학적 분석'의 관점에서 비과학적인 것을 믿는 정신적, 심리적 원인을 지극히 명석하게 분석해줘서 충격을 받은 적이 있다.)

그런데 지금은 아이들의 세계마저 수수께끼의 영역은 모두 사라져버렸다. 나는 사키*나 레이 브래드버리**의 미스터리 소설을 좋아하는데, 그들의 환상 속 미스터리의 세계도, 아마 그들에게 로르샤흐 검사***를 시도함으로써 '미스터리는 왜 만들어졌는가'를 밝혀내는 게 가능할지도 모른다.

아이와 연극을 보러 가면 이런 현상은 점점 분명해진다. 예를 들면 어린이는 드라마를 허구로 보지 않는데, 현실 그 자체의 역할을 합성한 것으로 보는 현대의 풍조에 실로 민감해서 연극 관람이 아니라 극장 르포를 한다.

예를 들면 한 여행자가 여행 가방을 들고 무대에 등장하

---

*
영국의 작가, 시인. 현실을 풍자하는 작품을 많이 썼다.

**
Ray Bradbury. 미국의 소설가, 시나리오 작가. 대표작으로 디스토피아 소설 『화씨 451』이 있다.

***
심리 상태를 파악하는 검사.

면 아이들은 이렇게 말한다.

"무거운 척하지만 저 가방은 비었어."

풍경이 나오면 이런다.

"저 경치는 그냥 그려 넣은 무대장치야. 왜냐하면 진짜 나무면 바람에 흔들려야지."

녹음한 대사가 나오면 아주 과학적으로 설명해준다.

"있잖아, 저 배우, 사실은 노래 안 하고 있어. 입만 뻐끔거리는 거야."

그러나 연극이 끝났을 때 아이가 새로운 뭔가를 보았느냐 하면 '사실 아무것도 보지 않은' 것이고, 결국 아이들이 합리주의를 너무 믿은 나머지 하나의 잠에서 깨어났지만 다시 다른 잠에 빠져버린 건 아닌가 하는 생각이 든다.

꿈속에서 이웃집 부인의 엉덩이를 만진 남자가 만일 꿈에서 깬 다음 날 아침에 "어젯밤에는 실례했습니다"라고 사과하러 가면, 누구든 우습다고 생각할 것이다. 그러나 여기에는 이런 비유로 웃어넘길 수 없는 문제가 있지 않을까.

'꿈은 꿈으로 끝내는' 게 가장 좋은데, 사회과학에서는 '미스터리'나 '귀신'을 미신이라며 경멸해버리고, 왜곡된 통념을 이용하려는 사람들은 '꿈 그 자체에 어떻게 과학적 근거를 부여할까'를 고민하기 시작한다.

그리고 '신비한 속옷'이나 '기적을 만드는 컵'이 '건강 증진, 노화 방지, 갱년기 호르몬 조정'을 해준다고 제안하게 되는 것이다.

나의 지론은 '미신'을, 신화적 체계 속에서 파악하기 위한 자립성으로 보려는 것이며, 아이에게는 아이의 허상을, 노인에게는 노인의 허상을 인정하자는 것이다.

(그리고 물론 스타는 스타의 허상, 과학자에게는 과학자의 허상을 믿게 하자는 것이다.)

그런데 허상을 사용하는 사람에게 중요한 것이 있다. "꿈에서 깨도 현실에서 사과하지 말라!", 그리고 허상주의자로서 자부심을 갖는 것이다.

말더듬이 클럽

최근에 『올바른 말더듬이 치료법』이라는 책을 읽었다. "삼 주 안에 반드시 말더듬 증상이 완치된다"는 고마운 책이었다.

이 책에는 말더듬을 고치려면 고개 젓기 교정법이며 손꼽기 교정법이며 남모를 어려운 훈련이 필요하고 '말더듬이가 되지 않기 위해서는',

¶ 밥을 꼭꼭 씹어 먹을 것
¶ 구두끈을 천천히 묶을 것
¶ 전화벨이 울려도 마구 서둘러 달려가지 말 것
¶ 말할 문장이 분명해지기 전에 말하려고 서두르지 말 것
¶ 침묵은 금

… 같은 금언金言이나 마음가짐이 잔뜩 필요하다는 내용이 적혀 있었다.

헤르만 구츠만*에 따르면 "인류의 99퍼센트는 말더듬이"라고 한다. 심지어 그들 중 대부분이 자신이 말더듬이인 줄 모른다는 것이다.

하지만… 그건 거짓이다!

적어도 나에게는 그것이 거짓이라고밖에 생각되지 않는다.

그리고 나에게는 이 인도주의적인 책이 (비유적 의미로) 아주 시시하기까지 했다. 그래서 이 책을 읽고 나서 얼른 드라마를 한 편 썼다.

(이 드라마는 아베 고보安部公房가 기획과 원안을 담당한 옴니버스 드라마 〈뜻대로 하세요お氣に召すまま〉로 이미 NET 방송국에서 방영되었는데) 내용은 이렇다.

먼저 살인 사건이 일어난다.

그리고 범인은 말더듬이이고, 피해자는 점잖은 교사이다. 주인공은 즉시 사건 규명에 나선다. 그는 텔레파파라는 새로 발명한 기계로 텔레파시를 탐지해서 범인이 있는 곳

---

*
Hermann Gutzmann.
독일의 의사, 음성교정학의
창시자.

을 알아낸다.

그리고 작은 변두리 클럽에 범인인 말더듬이가 있는 것을 알고 용감하게 뛰어 들어간다. 그는 클럽에 들어가자마자 바텐더에게 묻는다.

"여기 누구 말 더듬는 사람 없습니까?"

그러자 바텐더가 되묻는다.

"마, 마, 말더듬이요?"

주인공은 바텐더가 말더듬이인 것을 알고 갑자기 확신에 차서 옆에 있던 중년 손님에게 힘주어 말한다.

"저 바텐더가 살인 사건의 범인이 틀림없습니다. 왜냐하면 사건의 범인은 말더듬이이고 사건은 이 클럽에서 일어났으니까요."

그런데 그 중년 손님도 "그, 그, 그래요?" 하고 말을 더듬는다.

주인공은 아연실색한다. 그 클럽은 '말더듬이 클럽'이어서 손님 모두 말더듬이였고, 피해자는 모두가 공모해서 살해한 것이었다. 왜냐하면 피해자가 '말더듬이 치료법'을 연구하고 있었기 때문이다.

드라마에서 중년 신사는 이렇게 연설한다.

"말더듬이는 정신의 귀족이오. 말더듬이는 하고 싶은 말을 많이 쌓아둔 후에, 하나하나 생각하고 생각해서 말하지. 말더듬이는 정신의 굴절을 보여주면서 인간이 말의 기쁨을 알게 하는 거요. 나불나불 떠드는 사람은 진정한 말은 아무것도 하지 못하지. 생각할 짬도 없을 테니, 안 그렇소?

이보게, 말을 더듬어보게.

자네, 말을 더듬는 게 낫다네."

최근에 가장 눈살이 찌푸려지는 것 중 하나가 말을 더듬지 않고 거침없이 가벼운 말을 내뱉는 부류다. 그들이 말을 존중하지 않는다고 말할 생각은 없지만, 적어도 그들이 인생을 존중하지 않는 것은 틀림이 없다. 나는 흔히 말하는 '요즘 애들' 중에서도 말더듬이적 요소가 없는 사람은 좋아하지 않는다. 정신의 굴절이 없는 애들을 어떻게 믿고 미래를 맡길 수 있을까.

그렇다고 내가 그들에게 햄릿처럼 말을 더듬으라는 것은 아니고, 좀 더 자기 안에서 '황홀감과 불안'이 깃든 사상을 발견하라고 주장하고 싶을 뿐이다.

말도 역시 육체의 일부이다. 완벽한 육체가 인간으로서 실격이듯이…, 말을 더듬으면서 다음 말을 선택할 때 일어나는, 말에 대한 신선한 요청이 없다면 살아가는 기쁨 역시 없을 것이다.

일본학 JAPANOROGY

내 몸에서
나온 녹이니
불량하게 지내다가
결국 잡혀서
경찰한테 선도당해
도착한 곳이 소년원

이것은 「네리칸* 블루스」라는 한때 문제아였던 이들의 애창곡이다.

*
도쿄소년분류심사원의
속칭. 심사원이 도쿄
네리마구練馬區에 있었던
데에서 유래했다.

이 가사 속의 "내 몸에서 / 나온 녹이니"*라는 구절에는 '알면서도 멈출 수 없었던' 소년들의 악에 대한 끊기 힘든 유혹과 후회가 뒤섞인 기묘한 울림이 있다. 루스 베네딕트Ruth Benedict는 『국화와 칼』에서 "몸에서 나온 녹"이라는 말을 통해, 일본인의 정신 구조에 윤리적 규율이 없다는 것을 알 수 있고, "악행을 우주적 원리로 설명하려고 하지 않는" 일본인의 자의적 태도가 드러난다고 했다.

과연 정말 그럴까.

베니딕트는 "일본인들은 이렇게 말한다…. 사람의 영혼은 원래 새 칼과 마찬가지로 덕으로 빛난다. 다만 잘 갈고 닦지 않으면 녹이 생긴다. 그들이 말하는 '몸에서 나온 녹'은 칼에 슨 녹처럼 좋지 못한 것이다. 사람은 칼에 대해 주의를 기울이는 만큼 자기 자신의 인격에 대해서도 주의를 기울여야 한다. 그러나 가령 녹이 생긴다 해도 그 녹 밑에는 여전히 빛나는 영혼이 있으니 그것을 다시 한번 잘 닦기만 하면 되는 것이다"

…라고 비꼬며 지적하는데, 나는 베니딕트의 말이 도무지 이해되지 않는다. 왜냐하면 "칼에 대해 주의를 기울이듯

---

*
"몸에서 나온 녹 身から出たさび"은 자신 행위의 결과로 스스로 고통받는 것을 말하는 일본 속담이다. 루스 베네딕트는 일본문화를 다룬 문화인류학서 『국화와 칼』에서 이 속담을 다루며 일본인에게 칼이란 공격의 의미가 아니라 '자기 수양'의 덕을 의미한다고 설명했다.

이" 인격에 대해 주의를 기울이는 것은 결코 구도 수행 같은 것만이 아니라, 스스로 살기 위해 매일매일 선택하는 일상적 행위를 가리키기 때문이다. 예를 들면 베니딕트는 "악행의 우주적 원리"라고 했는데 "우주적 원리"라는 것은, 베니딕트처럼 사회 분석이 아니라 좀 더 인간 존재의 근원에 중심을 두고 있어야 의미가 있다.

미국인들은 이렇게 말한다.

"일본 소설이나 연극 중에서 해피엔딩은 굉장히 드물다. 미국의 일반 대중은 해결을 열망한다. 그들은 극 중 인물이 그 후에는 항상 행복하게 지내게 될 것이라 믿고 싶어 한다. 그들은 극 중 인물이 그 덕행의 보상을 받았는지 알고 싶어 한다. 만일 그들이 어느 연극의 마지막에 울어야만 한다면, 주인공이 성격적 결함이 있었거나 사악한 사회에 희생되었거나, 이 둘 중 하나여야 한다."

여기에는 사람 좋은 미국인의 얼굴이 분명히 드러나 있어, 합리적인 사고방식으로 일본인의 드라마관을 거침없이 분석하는 명쾌함이 느껴지기는 하지만, 그건 완전히 거짓이다.

원래 비극이란 도저히 그것을 피할 길이 없기에 슬픈 것이며, 그 안에 등장하는 누군가의 '성격적 결함' 때문에 일어나는 것도 아니다.

모두 착한 사람이고, 날씨도 좋고, 작은 새들도 지저귀는데 일어나버린 비극…. 이것이 문제이다. 인간의 사랑이나 증오는 '사악한 사회의 희생양'이라는 말로 딱 잘라 결론지을 수 없는 부분에서 시작되는 것이며, 그것이 삶의 미묘함과 닿아 있어서 '세 배로 눈물 나는' 것이다.

모정을 다루는 영화에서 나타나는 '낳아준 엄마'와 '길러준 엄마'의 비극도 양쪽 다 착한 사람인데 아이가 하나뿐이라서 그걸 보는 사람을 울게 한다.

울어서 후련해지고, 극장을 나와서도 엄마들이 이미 후련한 감정을 느낄 때 비극의 카타르시스 작용이 있는 것이고, 관객이 대리만족을 얻는 것이다.

드라마에서 '덕행의 보상'인 해피엔딩을 보여줘도 우리는 그 이면에 있는 윤리의식에 진저리 치고, 도덕적 강요만을 느끼지 않을까? 그리고 예술의 역사 대부분이 도덕과의 싸움이었던 것만 생각해봐도 '가짜 해피엔딩'으로는 단순히 작자의 의도를 파악하는 데에 그칠 것이다.

 아름다움에는 본래 뭔가가 결여돼 있다. 완벽한 합리주의로부터는 아름다움은커녕 드라마조차 생겨나지 않는다. '모두 좋은 사람'이라서 어쩔 수 없이 생기는 '덕'의 딜레마를 '드라마의 원형'으로 간주하지 않으면, 이미 '악을 우주적 원리로 파악'하기란 불가능할 것이다. 그리고 이 "몸에서 나온 녹"이라는 가사야말로 규율에 대한 불타는 듯한 열망과 자기혐오가 느껴지고, 완벽한 비극 지향이 느껴지는 것이다.
 드라마에는 끝이 있지만 인생에는 끝이 없다. 내가 시나 드라마를 쓰는 일도 "몸에서 나온 녹"이 아닐까 하고 아주 가끔, 문득 생각할 때가 있다.

시체 교육

 "고기 다지기가 있다고 해서 정육점이라고 생각하면 안

되지."

어두운 싸구려 여인숙 이층에서 바퀴벌레를 쫓으며 허름한 행색의 아저씨가 내게 말했다.

"원래 네발짐승 고기만 가는 건 아니니까."

"하긴 닭고기도 갈잖아요?"

내가 말했다.

그러자 허름한 아저씨는 너털웃음을 터트렸다.

"닭고기? 무슨 닭을 갈아. 나 참, 칠 년이 지나도록 본 적이 없구만."

그래서 나는 진지하게 허름한 아저씨의 얼굴을 보고 목소리를 낮추고 물었다.

"네? 그럼 고양이예요?"

"고양이도 물론 갈지."

"개도?"

"그럼. 누렁이가 맛은 좋지, 아무렴. 근데 고양이는 거품이 많아서 별로야."

그러더니 허름한 아저씨는 이랬다.

"두발짐승도 못 갈까? 저며서 갈면 왜 안 갈리겠어!"

나는 산야山谷라는 동네가 좋다.

도쿄에 있는 식당 중에 손님한테 서비스가 제일 좋은 곳이 산야의 식당이라는 얘기가 있는데, 그런 친절함 뒤에는 폭동 사건을 비롯해서 『덴포 대기근 이야기天保荒侵傳』* 수준의 공포담이나 토속적인 유머가 있다. 이런 게 산야를 한 번 가면 또 가고 싶은 반가운 동네로 만드는 요소인 것 같다. 최근 일류 레스토랑의 서비스가 나빠지고 있는 이유는 그곳에 출입하는 손님들이 이상하게 너무 점잖아서인 것 같다. 레스토랑 웨이터는 온종일 서 있어서 짜증이 나 있지만, 손님은 여러 가지로 만족스러워서 화가 나지 않는다. 거기서 입장이 바뀌어, 웨이터가 폭발적인 짜증 에너지를 갖고 손님한테 응대한다. 그런데 산야에서는 원래대로 항상 손님이 화를 낸다. 된장국을 덜 주기라도 할라치면 식당 주인의 목숨이 위태로워진다.

나는 산야에서 어떤 남자를 만났다.

그는 뛰고 있었다.

"왜 그렇게 뛰어요?"

내가 묻자 그는 큰 소리로 대답하고 뛰어갔다.

---

*
에도 시대 후기 최대 규모의 기근을 기록한 책. 먹을 것이 없어서 사람 고기를 먹었다는 내용이 있다.

"이래야 취기가 빨리 돌지. 지금 막 소주를 마셨거든!"

나는 코가 새빨간 그 남자에게 호감을 느꼈다. 아마 그는 언제나 적은 양의 소주를 마시고 달리는 거겠지.

그리고 이곳에서

"선거가 없으면, 깨끗한 한 표를 못 파니까 벌이가 안 돼"

라고 불평하는 노인이나, 탈옥수한테 죄수복을 싸게 사서 좋다며 입고 다니는 동성애자 얘기도 들었다. 또 길바닥에 쓰러져 죽은 처치 곤란한 남자 시체를 두고, 히치콕의 〈해리의 소동 The Trouble with Harry〉처럼 고민 끝에 의과대학에 돈을 받고 팔았다는 얘기를 해준 건, 이인조 넝마주이였다.

나는 여기에서도 '밝은 표정'을 한 넝마주이를 만나, 정말 그들을 믿음직스럽다고 생각하지 않을 수 없었다. 그리고 그들의 밝은 얼굴에서 왠지 르네상스의 기운 같은 것이 느껴지기조차 했다.

그렇다고 해서 그들이 스스로 허름한 삶을 긍정하는 유머를 즐긴 것은 아니다. 애초에 나는 알랭의 『행복론 Propos sur le bonheur』*이 산야에 적용된다고 생각하지 않으며, 비가

---

*
프랑스 철학자 알랭이 쓴 행복에 관한 단상들. 알랭은 인간이란 자신이 강하게 의지함으로써 구원을 받는다는 낙관주의로 일관된다고 생각했다.

내릴 때마다 하늘에 감사하며 "비가 딱 좋게 내리는구나"라고 감탄을 할 만큼 마음이 넓은 남자도 아니다. 그러나 산야에서 보는 허름한 부류의 사람들 중에는 꼰대 짓을 하거나 정세를 따라가는 정치꾼이 없고, 사람들 대부분이 아주 원시적인 인간성의 회복을 외치고 있는 것을 보고 흥미를 가졌다.

극작가 존 아든*의 『돼지같이 살아라 Live Like Pigs』는 산야지구 같은 슬럼가에 사는 사람들을 주제로 삼는다.

그리고 그 산야 한가운데에 수세식 화장실이 있는 깨끗한 공단아파트 비슷한 주택 건물이 서 있는데, 콘크리트 구획 속에 밀어 넣어져 획일화되기 싫어하는 허름한 사람들(즉 문명이 주는 독에 융화되고 싶지 않은 사람들)은 도저히 입주하기가, 수용되기가 싫다며 계속 거부한다. 그리고 억지로 밀어 넣어져 수세식 화장실이 있는 방에 돼지와 이를 데리고 입주…, 결국 그게 싫어서 집단으로 큰소리로 "돼지같이 살아라!"라고 절규하며 그 근대적 건물을 타도한다… 그런 내용인데, 그러고 보니, 인간 본연의 척도로 문명

---

*
John Arden. 영국의 극작가. 오즈번, 웨스커, 핀터와 함께 4대 극작가로 불리며, 영국 사회의 첨예한 정치적, 사회적 관심사들을 소재로 한 작품을 발표했다.

비판을 할 수 있는 유일한 사람들, 허름한 사람들이야말로 진정한 예술의 싹, 인간성 회복의 싹이 있는 것 같다. 즉, 사회복지라는 것이 '베풂'이라는 형태를 취하는 한, 아무리 지나도 그들의 생활환경이 좋아지지 않을 것이며 나 같은 사람은 산야를 더욱 산야답게 함으로써 획일적이지 않은 복지 형태를 고려해야 하지 않을까 하고 생각한다. 지금의 산야에는 소용돌이치는 에너지, 예를 들면 르네상스 전의 혼돈이 있다. 그리고 산야 르네상스야말로, 현대사회의 인간소외에 대한 하나의 파괴적인 가능성을 가질 수 있다고 생각하면서, 나는 싱글거리며 산야의 명물 고로케를 먹고 있다.

도축장의 사상

다케나카 료지 씨께
당신은 지금, 어디에 있습니까?
나는 지금 당신과 둘이서 피난소였던, 옛 육군 반원형 막사에서 산양을 몰래 길렀을 때의 일을 떠올리며 이 글을 씁니다. 북두칠성 꼬리가 막사 지붕 뒤로 숨어버릴 것 같은 추운 밤에 당신과 둘이서 낡은 휴대용 라디오를 산양에게 메게 하고, 다바타 요시오*의 「돌아오는 배」를 들으면서 모닥불을 쬐었었죠.

당신이 중학생, 내가 초등학교 5학년이었고…, 딱 이차세계대전이 끝난 다다음 해였던 걸로 기억합니다.

당신은 정말로 산양을 좋아했죠. 지금 생각해보니 당신은 채플린의 〈살인광 시대〉에 나오는 베르두 씨 같은 범신론자여서, 살아 있는 거라면 인간이든 동물이든 똑같이 좋아했습니다.

그리고 그런 당신의 공평함을 나는 존경했습니다.

(그 산양이 암컷이고 당신이 외아들이어서, 가끔 동네 아이들은 당신과 산양 사이를 성적 흥미로 연결 짓기도 했지만, 나는 잘 알고 있었습니다.

당신은 사슬로 묶여 있는 것에게 미안함을 많이 느꼈을 뿐이었습니다.)

---

*
田端義夫. 가수, 기타리스트.

나는 아이다 유지*의 『아론 수용소』라는 베스트셀러를 읽다가 십오 년 만에 당신을 떠올렸습니다.

그건 "우리에게는 동물을 도축하는 관습이 없어서 피를 보고 격앙되거나 죽은 사람을 광기에 휩싸여서 찌르고 벤다"는 구절이 있었기 때문입니다.

우리는 가축을 먹는 관습이 있는 마을에서 자랐습니다. 우리는 토끼, 닭, 돼지, 집오리, 말, 오리 등등, 그 하나하나의 요리법에서부터 도축법까지 배웠었죠.

우리는 토끼를 죽일 때는 쇠망치로 눈과 눈 사이를 때린다고 배웠고 실제로 초등학교 건물 뒤에서 해보기도 했죠.

또 발을 묶은 닭의 목을 오래된 말뚝 위에 올리고, 손도끼로 내려쳤습니다. 목이 사라진 닭이 날개를 퍼덕거리며 덴진 신사의 기둥문 높이까지 날아오르는 것을 보고, '닭이 날지 못하는 새라는 것은 거짓말이구나' 생각하기도 했습니다. 이렇게 우리들의 집에서는 도축하는 일에 '익숙해지라고' 아이에게 시킨 것은, 대개 잊을 수 없는 기억으로 떠오릅니다.

---

*
會田雄次. 역사학자. 보수파 논객.

당신은 홀어머니보다 가축인 산양을 더 믿었습니다. (어머니보다라고 하기보다 어머니와 마찬가지로라고 말하는 게 정확할지도 모르겠네요.)

그래서 당신은 산양을 죽이는 걸 큰 소리로 울며 반대했던 것입니다.

그리고 산양의 눈을 가리고 어머니가 때려죽이자, 당신은 '엄마에 대한 복수'로 가출해서 마을 떠났었죠.

역까지 혼자서 배웅했던 내게, 당신이 화가 난 목소리로 여러 번 말했습니다.

"가축을 먹을 수 있다면, 부모도 먹을 수 있어!"

그 후, 당신이 오사카의 철공소에서 무사히 일자리를 얻었는지 아닌지 나는 알지 못합니다. 당신은 그쪽에 도착하면 분명 엽서를 보낸다고 해놓고, 결국 한 번도 약속을 지키지 않았으니까요. 이제는 당신의 얼굴도 완전히 잊어버렸지만, "가축을 먹을 수 있다면, 부모도 먹을 수 있어!"라는 그 말만은 이상하게 잊히지 않고 머릿속에 들러붙어 떠나지 않습니다.

다케나카 료지 씨.

당신의 진짜 뜻은 '그래서 가축도 부모도 먹으면 안 된다'는 것이었나요, '부모도 가축도 먹어야 한다'는 것이었나요? 대체 어느 쪽이었을까요.

나는 그 후 당분간 당신의 뜻을 알아내려고 계속 생각해 보았지만, 점점 당신 자신도 그것을 고민하고 사상화하는 데까지는 이르지 못하고 뛰쳐나간 것이 아닐까 하고 생각하게 되었습니다. 그게 아니라면 그렇게 어두운 표정으로 가출할 리가 없을 거라고, 집에 소식을 끊어버릴 리도 없을 거라고 생각했죠.

그리고 가출을 하는 사람의 진정한 출발은 당신과는 반대로 오히려 '웃으며' 고향을 버리는 에너지에서 발견해야 한다고, 나는 지금도 생각합니다.

지옥가 地獄歌

7세   아버지 전사.

아버지의 위패를 훔쳐 들판에서 태우며, 그 불빛에 내 손금을 비추어 봄.
9세   선생님의 얼굴에 침을 뱉음.
11세   무덤에 가서 흙을 파고 아버지의 유골함을 살펴봄. 재 같은 가루가 조금 들어 있었음.
12세   집에 신단神壇과 불단佛壇이 다 있는 건 이상한 것 같아서, 신단을 도끼로 부숴 강에 흘려보냄.
13세   엄마가 개 귀신*에 씌임.

마을에서 정신분열병 취급을 받음.

여교사가 산비둘기 사냥에 데려가주었는데, 다녀오다가 성욕에 눈을 뜸.
14세   벌이가 없어 대대로 내려오던 논을 팜. (팔린 논에 엄마가 자신의 새빨간 빗을 묻고 있는 것을 봄. 그런 저항은 허무함!)
15세   고려장은 어디서 하는 것일까 궁금해함.

도쿄를 동경하면서 '집행유예' 같은 일상을 보냄. 아무 범죄에도 관여하지 않았는데 '집행유예'인 것이 답답함.

*
개의 혼이 씌이는 빙의의 일종. 자손에게 대물림이 된다고 해서 그 집안과 결혼하거나 교류하는 것을 기피했다.

16세 왜, 다른 사람들과 대화하지 않는 걸까.

(폴 발리네*의 『1925년생』을 읽음. "『지상의 양식』의 자유는 지드를 좁은 삶으로부터 해방했으나, 또 다른 획일주의에 몸을 내맡기게 된다. 그와 반대로 전쟁은 우리가 손을 대지 않는데도 여러 사회적 속박으로부터 우리를 해방했다.")

—하지만 전쟁은 이미 끝나버림.

16세 다시. 땅 주인 집의 민속 가면을 훔쳐 가출, 요코하마에서 가면을 팖. 가출하는 도중에 계속 불렀던 노래는 미소라 히바리의 「사자춤」이었음.

17세 항만 노동자가 됨.

엄마의 자살 소식을 들음. 미나토권투클럽에 다니기 시작함.

이건 나와 같은 아오모리현 출신의 어느 항만 노동자의 이력이다. 그는 지금 스무 살이고 어쩌면 올해 신인왕전에 밴텀급 정도로 활약할지도 모른다. 하지만… 나는 회의가 든다. 그 어두운 전원에서 대도시로 나온 지금의 그가 '탈

---

* 프랑스 시인 '폴 빌레리'를 슈지가 잘못 쓴 듯하다.

출'에 성공했다고 할 수 있을까.

> 아무 데나 가는 기차의
> 75센트로 살 수 있는 표를 주세요 어서
> 아무 데나 가는 기차의
> 75센트로 살 수 있는
> 표를 달라니까요
>
> 어디로 가는지 그 따위
> 알 게 뭐야
> 그냥 그저 여기서 떠나는 거다

랭스턴 휴스*의 시는 이렇게 끝난다. 나는 여기에서는 아무런 설명도 덧붙이지 않을 생각인데, 과연 그는 '사회적 속박으로부터 해방'되었을까, 아닐까.

이건 하나의 숙제이다.

---

*
Langston Hughes.
흑인 문학의 전통을 수립한
미국의 시인, 소설가.

제4장

깨어나라, 분노하라!

하루에 한 번 화를 내자.

만일 당신 주위에 화를 낼 만큼 짜증 나는 일이 하나도 없다면, 억지로라도 찾아내야 한다. 아주 주의 깊게 보면, 틀림없이 주위에 '화를 낼 만한' 일이 뭐라도 있을 것이다.

그것을 찾아내어 울화통을 터트린다. (그렇게 하면 당신은 전보다 훨씬 생기 있어 보이기 시작하고, 멋있어지고, 그리고 당신 자신의 일상에서 영웅이 될 수 있을 것이다.)

영국의 '앵그리 영 맨Angry Young Man'은 대개 삼십대 중반의 세대에 속하는데, 화를 내기는 하지만 화내는 방식이 아주 추상적이고도 감상적이다.

예를 들면 존 오즈번의 희곡 〈성난 얼굴로 돌아보라Look Back in Anger〉라는 작품의 제목을 살펴보자. 성난 얼굴로 '돌아보면' 대체 뭐가 달라지는가?

돌아보는 것은 멈춰 서는 사람의 습관이다. 그런데 우리는 멈춰 서지 말고 분노해야 한다.

분노는 자동차의 가솔린 같은 것이다. 분노는 바로 내일을 향한 활력이다. 성난 얼굴로 분노를 담아 '돌아봐'도, 지나간 날들은 다시 주워 담을 수 없을 것이다. 게다가 과거는 언제나 폐허일 수밖에 없다.

과거는 '죽음의 시장'이다. 더구나 완성품이다. 분노로는 결코 복원될 수 없는 완전한 조각품 같은 것이다.

예전에 나는 한 잡지에서 주최한 '현대의 영웅은 누구인가?'라는 좌담회에 참석해서 쓰바키 산주로*며 고질라며, 고바야시 아키라가 연기한 철새 다키 신지** 등에 대해 이야기를 나누었는데, 곰곰이 생각해보면 지금 꼽은 '영웅'적 인물들은 모두 '분노하고' 있다는 것을 알 수 있다. 물론 분노하는 대상은 제각기 다르지만, 영웅의 최대공약수가 '분노'인 것은 틀림없다.

(그리고 하나다 기요테루***는 "현대에는 극의 본질이 희극에 없다. 비극에도 없다. 바로 활극에 있다"라고 정의했는데, 만일 이를 영웅을 정의할 때 전제로 삼는다면 활극의 주인공은 당연히 '적'에게 분노하고 있으니, 이 역시 진리가 되는 셈이다.)

"〈아이젠 가쓰라愛染かつら〉****의 주인공 쓰무라 고조는 현

---

*
구로사와 아키라 감독의 동명 영화의 주인공.

**
영화 〈기타를 든 철새〉의 주인공.

***
花田清輝. 작가, 문예평론가.

****
잡지 『부인구락부』에 연재되었던 연애소설. 이후 영화화됨.

대의 영웅인가?"라고 물으면 여러분은 단번에 "노!"라고 대답할 것이다. 그러나 왜 아니냐고 물어본다면 여러분은 선뜻 대답하지 못할지도 모른다. 그리고 아마 "연애만 생각하는 남자가 세상에 무슨 도움이 되겠냐"고 대답할지도 모르겠다. 그러나 정답은 역시 '쓰무라 고조가 시대적 영웅이 아니었던 것은 그가 분노하고 있지 않았기 때문'일 것이다.

제대로라면 쓰무라 고조는 좀 더 화를 냈어야 했다. 그가 만일 정말로 자신의 연애를 어떻게 완성할지 고민하고, 연인인 다카이시 가쓰에의 입장을 객관적으로 전체적인 관점에서 바라보았다면 당연히 자신들의 연애를 방해하고 있는 근원적인 적이 무엇인지 깨달았을 것이다.

그리고 그것은 단순한 운명의 장난이나 악인의 방해가 아니라, 가족제도의 모순과 사회복지의 미비 같은 여러 요소였을 것이다. 만일 그가 '적'과 싸워 자신의 승리를 쟁취했다면, 그도 닛카쓰 영화사의 대활극의 주인공보다 영웅적으로 보였을지도 모른다.

일본에는 오랜 세월 인내의 미덕이라는 비위생적인 도덕

적 관습이 있었다. 사람들은 다양한 불합리함을 참았고, 그렇게 참으면서 '무상감' 같은 분위기를 만들며 살아남았다. 그러나 분노는 배설물 같아서, 일정량 배 속에 쌓아두면 결국 토해낼 수밖에 없다. 일본 여성은 인내의 미덕을 갖추고 있다고 하지만, 일본 여성일수록 자기 자식을 때리는 예가 적지 않은 사실은 하나의 배설 현상의 표출이라고 봐도 될 것이다.

내부에 울적한 에너지를 소중히 간직했다가 혁명 때 무기로 사용할 거라면 또 몰라도, 비위생적인 인내로 오히려 '집' 전체가 어두워지는 것은 이상한 상황이다.

사회에, 인류에, 집에, 마을에, 자기 자신에게… 당신은 화를 더 내야 한다.

(1일 1분노 반드시 실행.

이 책을 다 읽으면 북북 찢고 이렇게 말해도 좋겠다. "멍청한 소리를 지껄이네!" 그 에너지가 당신이 내일을 살아갈 모럴의 가솔린이 될 것이다.)

키스학 KISSOROGY

중학교 때 키스에 대해 연구한 적이 있다. (그래 봐야 체험적인 연구가 아니라 학문적인 연구였다.)

아무튼 키스는 흥미로운 것이었다. 헤이본샤 출판사에서 나온 『세계대백과사전』에 따르면 키스는 이렇게 정의되어 있다.

"타인의 입술이나 손 등에 자신의 입술을 대고 애정이나 경의를 표하는 일. 그 기원에 대해서는 어머니의 모성애로부터 생겨났다는 설, 원시적이고 잔인한 성 행동의 표출인 성교 중 깨물기에서 나왔다는 설 등이 있다."

그리고 "입맞춤의 빈도는 상류 사회로 갈수록 높은데", 그러나 "입맞춤은 입속 세균에 의해 병을 감염시킬 우려가 있다"고 되어 있다.

중학생이었던 나는 키스 중에서도, 특히 '첫 키스'에 강한 흥미를 느꼈다.

그리고 얼마나 인상 깊은 첫 키스를 하느냐에 내 인생의 절반이 걸려 있는 게 아닌가 하는 생각도 했다.

나는 연애소설을 닥치는 대로 부지런히 읽으면서, 쥘리앵 소렐*과 레날 부인의 첫 키스는 '××라는 곳의 ×× 무렵'이라는 식으로 기록했다. 그 뒤에 당사자의 느낌이 묘사되어 있으면 그걸 베껴 적었다. 그리고 그 후로도 다프니스와 클로에, 피에르와 뤼스, 오나쓰와 세이주로, 로미오와 줄리엣, 트리스탄과 이졸데 등등… 노트 가득히 '첫 키스의 기록'을 적어 넣으면서 '내가 첫 키스를 한다면 어떤 곳에서 어떤 말을 한 뒤에 하면 좋을까?' 하며 밤마다 이런저런 생각을 했었다.

아마 누구나 이 '첫 키스'만큼은 좋든 싫든 독창성을 발휘해야 하는 일이었을 테니까.

그런데 최근 토요일부터 일요일까지 저녁에 황거皇居 앞 광장을 산책할 때면, 일 미터 간격으로 풀밭 위에 쓰러져서 키스하는 연인들을 보게 된다. 그리고 이 키스의 대량생산화를 보노라면 독창성의 부재를 생각하지 않을 수 없다.

물론 당사자들은

"우리가 여기서 키스를 하고 있지만, 프랑스의 불로뉴 숲에서 키스하고 있는 거나 같다고요"

---

*
스탕달의 소설 『적과 흑』의
주인공.

라며 형이상학적인 독창론을 한바탕 늘어놓을지도 모른다. 그러나 연애란 언제나 개인적인 것이고, 절대 조직적일 수가 없다.

황거 앞 광장에서 무리 지어 있는 연인들의 속내를 들여다보면 '저기 가면 키스를 할 수 있다'는 장소에 대한 의존감과 '주위 사람들을 보고 나면, 여자 친구도 그럴 마음이 들 거니까'라는 효용론 때문에 이 황거 앞 광장을 선택했을 것이다.

나는 그게 왠지 청춘의 특권을 포기하는 것처럼 여겨지기만 한다.

첫 키스는(첫 키스뿐 아니라, 키스라는 것에는 항상 '처음'인 것 같은 신선한 감동이 뒤따르는데), 자신들만의 추억으로 인상에 남을 만한 장소를 골라야 한다.

가령 그곳이 고철 창고든, 비가 쏟아지는 공원이든 상관없이, 어쨌든 그것이 '결정적 순간'으로 인식될 수 있도록 연출하는 것이 연애에 대한 남성의 의무여야 한다. 돈이 없어서 어쩔 수 없이 백화점에 걸린 기성품 셔츠를 사지만, 원래는 자기에게 가장 어울리는 셔츠를 디자인해서 입는 게 좋다는 건 누구나 다 안다. 그러나 셔츠는 어쩔 수 없다 치더라도 키스에는 돈이 들지 않는다.

반기성품의 장소가 아니라 특별히 주문 제작한 것처럼 자신들의 취향과 생활과 감수성에 걸맞은 장소를 발견하는 것이야말로 사랑의 즐거움이어야 한다.

황거 앞 광장에 가면 키스를 할 수 있는 것이 아니라, '어디에 가도 키스를 할 수 있다'는 사고방식이야말로,

> 인생 가는 곳마다 청산이어라

라는 한시의 달관적 태도와 상반되는 형태로 나타나는 청춘론일 것이다.

자신들끼리만 통하는 말을 갖는 게 연인 사이이듯, 자신만 키스할 수 있는 장소를 찾아내는 것이야말로, 연인을 가진 당신의 급선무이다.

연인들이여, 무리를 지어 다니지 말지어다.

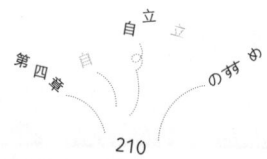

그리고 그것은 연애의 문제뿐만 아니라, '집'의 문제부터 취직 문제, 사상 문제까지 모든 활동과 관련된다는 사실을 생각해보길 바란다.

'나는 누구인가?'

붐비는 식당에서 테이블에 앉아 있으면 웨이트리스가 다가와서 나에게 묻는다.

"손님은요?"

그러면 나는 "라이스카레요"라거나 "고로케요"라고 대답한다.

그러나 그렇다고 해서,

"나는… 라이스카레입니다."

I am Rice Curry

라는 뜻이 되지는 않는다. 만일 병원에서 스친 다른 환자가

"당신은?"

이라고 질문한다면, 나는 아마 "위장병이오"라거나 "신장이 안 좋아서요"라고 대답할 테고, 신청곡을 틀어주는 모던 재즈 카페에서,

"당신은?"

이라는 질문을 받은 경우라면 "오넷 콜먼이오"라거나 "찰스 밍거스요"라고 대답할 게 틀림없기 때문이다.

그러나 나의 실체가 상황에 따라 변했나 하면 절대 그렇지 않다.

대개 한 사람을 바로 앞에 두고 '그는 누구인가?'라는 토론회를 연다면 그야말로 엄청난 격론이 펼쳐질 것이다.

시인, 복싱 팬, 극작가, 아오모리현 사람, 브리지트 바르도 팬, 일본인, 황인종, 데라야마 슈지, 재즈 마니아, 경마광, 지구인, 일본현대시인회 회원, 전쟁 미경험자 기타 등등. 어느 하나를 콕 찍어서 '이게 너'라고 해도 나는 부정할 수 없을 것이고, 반면 '이것이야말로 나 그 자체'라는 느낌을 가질 수도 없을 것이다.

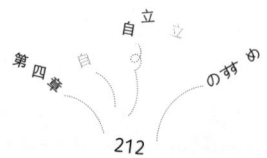

최근에는 사람을 계급, 세대, 직업 혹은 이름에 따라 분류하는 것이 당연시된다. 그러나 이것들은 (이름을 제외하면) 모두 다 인구가 너무 많아져서, 몇 명의 공통점(예를 들면 공통된 이익이나 공통된 경험)을 도출해서 편의적으로 패턴에 맞춰 분류한 것에 불과하다.

(하기는 정반대로 장 주네처럼 "한 인간의 주요한 활동을 통해, 그 이외의 모든 점을 제거하고 인간을 단순화하고 명확화하는 자각이야말로 시인의 자각이다"라는 사고방식을 가진 사람도 있기는 하다.)

그러나 어쨌든 나는 자신을 '그게 나'라고 설명할 수 있는 간결한 단일 기호가 떠오르지 않는다. 심지어 선생님이 학생에게

"너는 누구냐? 뭘 하는 사람이냐?'라고 누가 물었을 때, 바로 큰 소리로 '나는 뭐다'라고 대답할 수 있는 인간이 되어라"

이런 식으로 가르치는 것을 보면, 아무래도 부당한 일을 가르치는 것 같은 느낌이 든다. '자신'은 자기 자신의 내일

이며, 자신의 의식으로도 결정지어질 수 없는 자발적 존재다.

사람은 '존재'하는 것이 아니라 '형성'되는 것이라고 한 니시무라 고이치西村宏一의 훌륭한 시처럼, 나 역시 스스로에게 의문 부호를 던지며 자발적으로 살아가도록 해야 하지 않을까.

하긴 대학입시 면접에서 "너는 누구냐?"라는 질문에,

"저는 우동은 좋아하는데 메밀국수는 싫어하고, 강도 좋아하고 배도 좋아하는데 바다는 싫어합니다. 서정시와 뜨거운 걸 좋아하고, 당근과 철학은 싫어하는… 그런 사람입니다"

이렇게 주절주절 말하면 떨어질 게 뻔하지만, 그렇다 해도 찰스 B. 로스*의 『남에게 인정받는 법』에 나오는 규격화된 현대의 우량 청년만은 되지 않는 게 좋다.

대학이야 불합격하면 어떤가.

---

*
Charles B. Roth.
미국의 영업교육전문가.

새벽녘에

Jazz and Freedom go hand in hand.
(재즈와 자유는 손을 잡고 간다.)
나는 이 말을 좋아한다.
신주쿠의 '키요'라는 모던재즈 카페 이층에서 새벽 무렵에 분필로 벽에 낙서를 하는 젊은 청년이 있었다.
"뭐라고 쓰고 있지?"
그렇게 묻자 그는
Jazz and Freedom go hand in hand
라고 알려줬다. 누가 한 말이냐고 물었더니 셀로니어스 멍크Thelonious Monk라고 한다.
나는 우울하게 고개를 숙인 흑인 피아니스트 멍크의 무엇인가를 견디고 있는 듯한 표정을 떠올리면서 말했다. "좋은 글귀네."

내가 모던재즈를 좋아하는 이유는 저항적이고, "슬로건 없는 선동, 강령 없는 혁명" 같기 때문이다.

(이 "슬로건 없는 선동, 강령 없는 혁명"이란 말은 로버트 린드너라는 의사가 정신질환자에게 내린 정의인데, 재즈에 딱 들어맞는 것 같다.)

머리를 때리는 듯한 서정성과 눈앞의 어둠을 예리하게 찢는 듯한 트럼펫과 색소폰 소리에는, 우리가 문명에 의해 억제당하는 삶에 대한 애정과 폭력을 해방하는 엄청난 힘이 내재되어 있다.

샌드백을 '환상일 뿐인 문명'의 모순이라고 생각하며 울음을 터트릴 듯이 때려대는 복서들의 새벽 훈련에서도 비슷한 면을 느끼는데, 도시 사람들이 느끼는 이가 갈릴 만한 억울함, 이유를 알 길 없는 속상함을 해방하는 유일하고도 자유로운 에너지가 아닐까.

나는 날이 밝아오는 도시 위를, 전차 차로 위를, 맨발로 걷는 것을 좋아했다.

그리고 마치 화장하기 전 중년 여인의 아침 얼굴처럼 스모그가 낀 도쿄의 콘크리트 도로 위에, 마시다 남은 맥주병을 두드리면서, 몇 번이나 읊조려보았다.

Jazz and Freedom go hand in hand.

정장을 조금 잘 입게 되었다고 해서 무슨 소용일까. 얼마간 월급이 올랐다고 해서 얼마간 집세가 비싼 아파트로 이사했다고 해서 무슨 소용일까.

> 세계를 위한 돼지 도축업자,
> 기계 제작자, 밀 하역자,
> 철도 도박사, 전국의 화물취급자.
> 시끄럽게 소리치는 거친 목소리의 싸움 잘하고 넓은 어깨를 가진 자들의 도시!

이것은 샌드버그*가 쓴 시카고의 새벽 얼굴이다. 맨발로 새벽길 위에 서서, 나라면 도쿄의 얼굴을 뭐라고 쓸까….

그런 생각을 하면서 어젯밤부터 계속 울리고 있는 '키요'의 재즈를, 멀리서 그리운 소리라도 듣듯이 듣고 있었다.

정신분열증의 정의가 재즈의 정의에 딱 들어맞는 한, 내

---

* Carl Sandburg. 미국의 시인. 여러 직업을 전전하다, 『시카고 데일리 뉴스』 기자로 일했다. 시집 『시카고』를 출판, 비속어를 섞어 쓴 산문시로 미국 문단에 큰 영향을 주었다.

가 생각하는 '자유'는 아마 문명의 규범 속에서 '분열일 뿐인 정신'과 손을 잡고 가게 될 것이다.

그러나 나는 이러한 분열적 힘, 슬로건 없는 강령 안에 바로 역사를 밑에서부터 변혁해가는 힘이 잠재되어 있다고 생각하지 않을 수 없다.

커피가 쓴 이유

고향 사투리 지워버린 친구와 마시는 / 모카커피 이토록 쓰네

이것은 내 첫 번째 시집 『하늘에는 책空には本』에 수록된 단가短歌이다.

당시 나는 와세다대학에 막 입학했고, 태어나서 처음 경험하는 도시 생활은 매일매일 흥분의 연속이었다. 예를 들면 태어나서 처음으로 보는 지하철, 태어나서 처음 보는 빌딩, 태어나서 처음 보는 복싱 체육관과 동물원, 스트립쇼 극

장에서 바로크음악 연구회까지 모든 게 태어나서 처음이었다.

"야, 만두라는 거 먹어봤냐?"

"아직 못 먹어봤다."

이런 대화를 나누며 신주쿠의 재즈 코너 주위를 어슬렁거리며 걷던 나와 동향 출신 몇 명은 요즘 말로 하면 '차원이 다른' 삶 속을 혼란스러워하며 걷고 있었다.

나는 그전까지는

>사과 속을 달리고 있다
>그렇지만 여기는 도대체 어느 정거장일까
>(모두 옛날부터
>형제이니까
>결코 한 사람을 위해 기도하면 안 돼)

미야자와 겐지宮沢賢治의 시*를 혼자 소리 내어 읽는 조용한 전원생활을 했기에 완전히 다른 환경에 당황하며 그래도 내 나름대로 정신없이 하루하루를 보내고 있었다. 그런

---

*
「아오모리 만가青森挽歌」.

데 점점 같은 고향 출신인 '그들'과 나는 차이가 벌어지기 시작했다는 것을 깨닫게 되었다.

  그것은 말이었다.
  사흘만 안 만나다가 길에서 딱 마주치면, 그들은 금세 유창하고 빠른 도쿄 말로 떠들어 대고 있었고, 일주일 만에 다시 보면 이미 누구 못지않게 도쿄 사람이 다 되어 있었다.
  "너희들도 완전히 도쿄 말을 쓰네."
  내가 신기해서 말하면 그중 하나가 큰 소리로 말했다.
  "도쿄에 나와서 도쿄에 미치지 않는 놈은 바보야."
  듣고 보니 정말 그렇구나 싶으면서도, 그런 일이 있을 때마다 왠지 이상한 기분이 들었다.

  "나는 에도 사람이야.
  전철 따위는 인정 못 해!"
  그러면서 버선발로 전차 차로를 활보하다가 전차에 치여 죽은 삼대째 정통 에도 토박이의 기사가 신문에 실린 것이 그 무렵이다.

나는 결코 그 사람을 동정은 하지 않았지만, 그래도 조금쯤 친근함을 느꼈다. 그리고 얼마 지나지 않아 조직과 개인이라는 주제가 우리 학생들 사이에서 화제가 되기 시작했고, 화이트*의 『조직 속의 인간The Organization Man』 등이 논의의 씨앗을 뿌렸다.

그로부터 벌써 팔 년 정도 지났다.
그리고 나는 여전히 '고향 사투리'를 고치지 않은 채로, 그래도 같은 억양으로, 같은 화제를 빠르게 말해 대는 사람들을 경멸하면서, (그렇다고 결코 고향을 특별히 그리워하지도 않으며) 일상을 살고 있다.

나는 『마드무아젤』이라는 여성 잡지의 단가 코너에 실린 작품을 선정하고 있는데, 「내 사투리를 비웃었네」라는 시를 매달 투고하는 어느 가사 도우미가 있다. 그녀에게 나는 어깨를 툭 치며 "더 심하게 사투리를 쓰라"고 말해주고 싶다.

*
William H. Whyte. 미국의
도시학자, 사회학자.

걸어라

더 많이 걸어야 한다.

전철도 자가용도 타지 않고 버스에 추월당하면서 거리를 바라보며 걷는 게 얼마나 좋은지, 그 즐거움을 모두 잊어버린 것만 같다.

하기는 야마노테선*을 걸어 한 바퀴 도는 대학생의 기록까지 공인받기도 한다는데, 나도 그들과 마찬가지로 걷는 일은 인간의 척도로 대지를 재는 유일한 행위라는 사고방식을 아직 갖고 있다.

미타무라 엔교**의 『에도생활사전』 '사계의 유람'을 인용하면 이렇다.

> "복숭아는 나카노의 복숭아 정원이 이미 다 졌으니 꽤 멀리까지 가야만 볼 수 있다. 철쭉은 히구라시, 오쿠보, 소메이. 그리고 바다에는 간조를 보거나 낚시하는 즐거움이 있었다.

---

*
山手線. 일본 지하철 노선.
서울 지하철 2호선처럼
순환선이다.

**
三田村鳶魚. 에도(도쿄의 옛
이름) 문화, 풍속 연구가.

여름이 되면 두견새. 모란은 데라시마의 백화원百花園, 기타자와의 모란 저택. 제비붓꽃은 아즈마의 숲이나 데라시마의 렌게지蓮華寺. 등나무는 가메이도亀井戸, 사카모토의 엔코지園光寺. 꽃창포는 호리키리堀切. 그리고 료고쿠兩國는 고래잡이와 불꽃놀이. 야나카谷中, 오지王子, 다카다 오치아이高田落合, 메지로, 메구로, 아즈마의 숲, 스미다 제방의 반딧불이. 가을이면 달구경, 벌레 울음, 요시와라의 등불 축제 같은 것이 있다. 그러나 요시와라까지 가기에는 에도 중심부터 이십 리에서 삼십 리나 된다. 어쨌든 모두 멀다."

에도 사람들은 참 잘도 걸었구나 싶어서 현대에 누가 잘 걷나 생각해보니, 우선 전형적으로 떠오르는 것이 경보 선수이다.

호소카와 도시오 선수가 전 일본선수권 경보 경기에서 엉덩이를 비틀며 누비듯이 걷는 모습에서 볼 수 있는 그 힘든 걸음이야말로, 어쩌면 현대인의 '걷기'라는 행위의 상징일지 모른다.

그런데 '걷는다'는 지극히 소박한 행위(내가 사랑하는 일린*은 『인간의 역사』에서 "인간이 마침내 열대의 삼림에서 빠져나와 고릴라, 침팬지, 긴팔원숭이로 나뉘고 자신의 발로 일어서 걸었을 때…"라며 인간의 탄생을 글로 표현했다)가 합리적인 기계로 대체된 후로, 역사 속에서 인간은 점차 자신들이 만든 도구로 인해 주객이 전도된 상태가 계속되는 것 같다.

자연의 척도, 신의 척도, 문명의 척도 그러한 척도가 뒤범벅된 사회에서, 나는 인간의 척도로만 헤아릴 수 있는 '남겨진 세계', 예를 들면 복싱(그것도 베어너클** 시대가 훨씬 더 그렇다)이나 예술, 야구, 그리고 도박이나 포커에서부터 기술 장인의 솜씨까지 그것이 '인간의 척도'라는 점 때문에 흥미롭고 또 사랑하기도 한다.

나는 넬슨 올그런의 『황금팔을 가진 사나이』의 주인공 프랭키 머신이 입버릇처럼 하는 대사를 좋아한다.

"포커에서 트럼프를 돌릴 때 알아야 할 건 그게 군대의 훈련과 같다는 거야. 딜러는 교관 같은 거지. 사람들이 열을 맞추고 보조를 맞춰 걷게 하는 역할이니까. 카드에 토를 달

---

*
러시아의 아동문학가.

**
Bare-knuckle. 맨손으로 싸우는 것.

지 못하게 해야지, 아니면 기합을 제대로 못 넣는 거니까."

여기에는 인간이 어느새 스스로 만든 문명 속에서 객체로서 다루어지기 시작한 점에 대한 비평이 있고, 거기서 '걷는' 이의 사람 냄새가 느껴지기 때문이다.

눈물짓는 질

작년 여름부터 집에서 개를 기르기 시작했다. 코커스패니얼 잡종인데 이름은 질이다.(질은 영화 〈사생활〉에서 브리지트 바르도의 이름이다.) 이름은 똑같지만 나의 질은 바르도처럼 글래머도 아니고 자유분방하지도 않다.

관찰을 해보니 닮은 점이라고는 고작 털 색, 주체성이 없는 것, 사랑스러운 녀석이라는 것 정도인 것 같다. 그러나 아무튼 이건 내 '사생활'이고, 나는 점점 개를 기르는 일에 흥미를 느끼기 시작해서 애견 잡지도 사서 읽게 되었다. 오늘 아침에 홍차를 마시면서 신간 잡지를 훌훌 넘기다 이런 제목이 눈에 띄었다.

"개는 자살을 할까"

정말 개는 자살을 할까?

아주 흥미로운 질문이다. 왜냐하면 자살하는 자야말로 '죽음'이라는 사실을 아는 존재이고 일종의 저항적 동물이기 때문이다. 내가 읽은 기사에서는 고대 그리스의 배우 폴뤼스의 개가 제 주인을 화장할 때, 한창 타오르는 불 속으로 뛰어든 예를 비롯해 『고금저문집古今著聞集』,* 『도혜잡화桃蹊雜話』** 속 개의 '자살'에 관한 몇몇 사례를 들면서, "개가 자살했다는 분명한 증거는 아직 찾지 못한 현황"이라는 결론으로 끝을 맺었다. 나는 개의 자살 90퍼센트가 순사, 즉 뒤따라 죽는 형태를 취하고 있는 것에 큰 흥미를 느꼈는데, 어쨌든 이렇게 많은 개가 죽음으로써 자기표현을 했음에도 '증거가 뒷받침되지 못하는 현황'에 깊이 동정했다.

원래, 자살을 판별하는 결정적인 단서는 유서이다. 어떤 대상에게 받아들여지지 못하고 화를 내고 죽을 때, 또는 실연해서 상대를 원망하며 죽을 때, 사람은 대개 유서에 그 뜻

*
13세기의 세속설화집.

**
19세기 유학자 이시카와
히사모토石川久徴가 쓴 책.
'도혜'는 그의 호.

을 밝히고 일종의 표현으로서 죽는데, 그런 까닭에 개의 자살만큼 순수하지 않다. 그에 비해 개의 자살은 그러한 효과와는 관계없이 슬퍼서 죽는 것이지 죽음을 통해 어떤 가치를 회복하려는 것이 아니다. 사람이 자살할 때는 대개 기브 앤 테이크의 법칙을 따르고 있어서, 유서에는 죽음의 대가로서 지불되기 바라는 것의 가치가 적혀 있지만, 개는 유서를 쓰지 않는다.

이것이 더욱 중요한 점이다.

개는 말을 못한다.

그렇다면 말없이 사상이 성립할 수 있는가… 이 역시 흥미로운 점이며, 개의 경우에 표현과 별개로 "자아 형성을 위한 토대가 무엇에 의해 습득될 수 있는가"에 대해서도 생각해볼 필요도 있는 듯하다.

즉, 노견 중에 실로 인격자(견격자)를 발견하는 일이 있다. 자기희생적이고, 착한 노견을 보고 있으면, 나는 개들만이 믿고 있는 '사후 세계'가 있는 것은 아닌지 생각하게 된다.

니시와키 준자부로西脇順三郎의 시에 이런 구절이 있다.

    개는 좋은 눈을 갖고 있었기에
    모든 게 잿빛으로 보였다

색채를 구별하지 못하는 개에게 '사후 세계'의 이미지는 대체 어떤 색일까?
그것을 듣거나 말하는 것이 불가능해서 개와 인간은 영원히 슬픈 관계가 아닐까?

나는 산책에 데리고 갈 때마다 질이 전봇대 밑에 오줌을 싸는 것을 보면서 '낙서'를 떠올린다. 그것은 산속 오두막집 판자나 자작나무 숲의 줄기, 롯폰기의 레스토랑 '시실리아'의 벽에 사람들이 자신의 이름을 새기는 것과 비슷하다. 그리고 개와는 달리 그것이 생리적으로 통일되어 있지 않은 점에서 인간의 복잡함이 느껴지는데, 말이란 결국 자신의 이름을 말하는 것이라는 생각이 든다.

개가 소변으로 자신의 행위를 기록하듯이, 사람은 다양

한 말로 자신의 이름을 기록하려고 시도한다. 요컨대 산다는 게 하나의 이름을 기록하는 과정이라고 할 때, 자신의 이름만 굵고 강하게 새겨 넣기만 해도 그걸로 청년 시절이 끝나는 걸 수도 있다.

 인간은 하나의 말, 하나의 이름을 기록하기 위해 계속 방황하는 동물이며, 그렇기에 드라마에서 가장 아름다운 것은 사람이 자신의 이름을 말할 때가 아닐까 문득 생각했다.
 장 아누이*의 〈유리디스〉에서 이름을 밝히는 유명한 장면은 이렇게 끝이 난다.

> ─이제 이야기가 시작될 거야.
> ─난 조금 두려워…. 당신은 좋은 사람? 나쁜 사람? 이름은?
> ─오르페, 너는?
> ─유리디스.

---

*
Jean Anouilh. 프랑스의
극작가.

수염의 전후 관계

 스타인버그*처럼 만화가 든 시집을 내려고 시를 몇 편쯤 써두었다. 그중에,

> 실수로 초상화에
> 수염을 그려버려 할 수 없이
> 수염을 기르기로 했다
> 문지기를 고용해버렸으니
> 문을 만들기로 했다
> 평생 거꾸로 살았듯이
> 나를 위한 못자리가 파이는 대로
> 조금 빨라도 죽어야지
> 그렇게 생각하고 있다

 첫머리가 이렇게 시작하는 희시^{戱詩}가 있다. 물론 이 시의 '나'는 나 자신이 아니다.
 나는 설명적으로 살기는 싫다.

---

*
Saul Steinberg. 만화가,
일러스트레이터. 지적이고
세련된 스타일로 한 칸
만화 세계에 혁명을
일으켰다.

그러나 '초상화에 실수로 수염을 그려버렸기에 어쩔 수 없이 수염을 기른다'라는 말은 '회사에 들어갔으니 할 수 없이 매일 출근한다' '이공계에 합격해버렸으니 어쩔 수 없이 이공계를 공부한다'라는 말과 본질적으로 똑같은 게 아닐까?

그래서 잘 생각해보면 우리의 평생은 실로 이 '앞뒤가 뒤집힌 논리'에 크게 좌우된다.

"엄마가 낳아서 할 수 없이 산다."

이렇게 출발점부터 앞뒤가 거꾸로 되었던 게 아닐까? 물론 아무리 우리가 조숙하더라도,

"나는 태어나고 싶어서 엄마를 임신시켰다"

라는 영웅이 있을 거라고는 생각되지 않는다.

그래서 이 '어쩔 수 없이'라는, 말하자면 아 프리오리적인 요소가 언제부터 후천적인 것으로 역전될 것인지가 첫 번째 문제가 되는 셈이다.

보통 화이트칼라라고 불리는 많은 직장인들 중에는 죽을 때까지 '어쩔 수 없이' 계속 살아가는 사람들이 있다. 매일 여덟 시간 근무하고, 토요일 밤에는 마작 게임을 하고, 정년

이 되면 퇴직하고 손자를 돌보는 것이 전형적인 삶이다. 그러나 '앞뒤가 뒤바뀐' 사람들에는 항상 두 종류가 있어서, 꼭 소극적인 사람만 있는 것은 아니라는 사실은 별로 알려져 있지 않다.

적극형 '어쩔 수 없다' 부류는, 말하자면 '문지기를 고용해버렸으니 문을 만든다'는 유형의 사람들이다.

즉, 항상 자기가 먼저 상황에 적응해가는 사람들이다. 이런 사람들에게는 일종의 신앙적 논리가 자신의 모든 욕망을 제어하는 데에 도움이 된다. 알랭의 행복론은 아니더라도 '비가 오면 딱 좋게 내린다'고 생각하고, '해가 비추면 좋은 날씨'라 생각한다면 인생에 불만은 없을 것이다.

그러나 불만이 없는 인생, 싸움이 없는 인생 따위를 대체 누가 참을 수 있을까.

나는 '어쩔 수 없다' 부류, 즉 적응파를 아주 싫어한다.
즉 '문지기를 고용'했어도, 문을 만들기 전에 다른 방법은 없을지 고민해봐야겠다는 생각을 해야 한다.
그러면 거기에는 '문지기는 문을 지키는 사람'이라는 본

질이 있고, 그것이 존재보다 선행하고 있음을 알 수 있다.

그렇다면 이제 문지기의 개념을 바꾸기만 하면 된다. 문지기란 비프스테이크를 굽는 사람이라고 생각하면 문을 만들지 않아도 된다는 것을 알 수 있다.

다만… 이렇게 비유를 들다 보면 누구나 자기 일이라고 생각하지 않을지도 모른다. 그러나 당장이라도 당신 자신의 문제가 될 수 있다. 당신도 '보이지 않는 손'에 의해 조종되어, 어쩔 수 없이 개념적으로 살고 있지는 않은가?

예를 들면 설마 당신은 '아침에 일어나면 반드시 이를 닦고 세수를 하고 나서 밥을 먹는다'는 개념에 조종되고 있지는 않은가?

'옷의 단추는 위에서 아래로 채운다'는 개념에 조종되고 있지 않은가?

'대변을 본 뒤에 오른손으로 닦아야 하나, 왼손으로 닦아야 하나' 생각한 적이 있는가?

사는 것, 일상 모두를, 다른 사람들과 똑같이 하고 있지는 않은가?

단 한 번밖에 없는 삶을 하나하나 무의식으로 개념에 조종당하고 있는 거라면 얼마나 아까운 일인가. 그 사실을 깨닫지 않는 한, 아마 당신에게 자유는 없을 것이다. 그러나 그런 의문이 생긴 순간부터, 당신은 자신의 미래가 될 수 있을지도 모른다.

부자도 가출할 수 있다

"저도 가출을 하고 싶은데요."
"…."
"하지만 전 가출을 못 할 것 같아요."
"왜요?"
"선생님의 글을 보면 가출은 농촌 가족제도의 희생자의 특권 같은데…, 전 도시의 행복한 가정에서 자랐거든요."
"…."
"게다가 저희 집은 〈아빠는 뭐든 알아〉*에 나오는 집처럼 가족드라마같이 화기애애하고…, 그리고 전 도쿄 마루노우치에서 좋은 직장에 다니고, 생활에 아무 불만도 없어요."

*
미국 시트콤, 〈Father Knows Best〉.

"그러면 어째서 가출하고 싶다는 생각이 들었죠?"

"아무 불만도 없는 생활에 불만이라서요."

"…."

"이해를 못 하실 수도 있지만…, 전 모든 게 충족된 지금 생활의 평온함이 두려워요.

아무런 불만도 없는 생활 속에 있는 뭔가 표현할 길 없는 부재감 같은…, 이걸 뭐라고 설명하면 좋을지."

"애인은요?"

"있어요. 같은 회사 경리과 사람이죠."

"사랑하지 않나요?"

"아뇨, 사랑하죠. …(조금 고쳐 말하며) 전 사랑하고 있다고 생각해요."

"…."

"하지만 공원을 산책하든 어디를 가든 시간이 지나면, 결국 헤어지고 '집'으로 돌아오게 돼요."

"그럼 결혼해서 집을 나오면 어때요?"

"결혼요? …또 다른 집이 생길 뿐이에요."

"그쪽은 뭔가 표현하기 힘든 격렬한 모험을 동경하고 있는 거군요."

"아뇨, 그것도 아니에요. 전 그저 지금같이 불만 없는 생활이 불만일 뿐이죠."

"아침 일찍 일어나서 국민체조라도 해보는 게 어때요?"

"(웃으며) 그런 걸 왜 해요."

"미국에서는 지금 중류층 가정의 남편이 어느 날 갑자기 가출하는 게 유행하고 있어요. 이혼하면 거액의 위자료를 뜯기기 때문이고, 또 다른 이유는 당신이 말하는 불만이 없는 생활에 불만이라서라죠."

"…."

"하지만 난 그 가출은 가치가 있다고 생각합니다."

"왜요?"

"지방 농촌의 가족제도의 희생자가 가출하는 건 대의명분이 있죠. 그건 말하자면 정당방위 같은 것이고 극히 당연한 일입니다.

그렇지만 행복한 가정에서 가출하기에는 명분이 없어요. 용기가 필요하죠."

"저도 그렇게 생각해요."

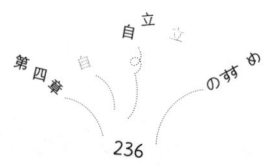

"그래서 가출할 필요가 있다는 겁니다.

당신이 집을 만든 게 아니죠. 집에 의해 만들어진 것입니다. 행복하다고 생각하지만, 그건 단순히 어느 날 주어진 행복감을 지속시키려는 것에 불과해요.

… 하지만 지금 이대로라면 당신 앞날이 눈에 훤히 보입니다.

사태는 아마 당신이 예상한 대로만 진전될 것입니다. 당신은 지금 남자친구와 결혼할 뿐입니다.

의외의 일은 무엇 하나 일어나지 않을 겁니다."

"맞아요."

"그리고 아무 가능성도 없이 집에서 불륜 드라마가 나오는 텔레비전이나 보면서 늙어가겠죠."

"하지만 가출한다고 달라질까요?"

"적어도 예상 밖의 가능성이 생기는 건 분명하죠. 해외여행이라도 나가보면 어때요?"

"…."

"나는 진정한 변신은 오히려 행복한 집에서 어떻게 핵분열을 해서 독립하느냐에 달려 있다고 생각합니다.

가출은 오히려 당신의 의무입니다."
"그렇군요."
"아니, 이제 가시게요?"
"집에 가서 짐 싸려고요."

어느 날, 갑자기

레 프레르 자크*의 샹송 중에 이런 이야기를 노래한 가사가 있다.
주제는 '큰 구멍'이다.

> "나는 역의 개찰원. 아침부터 밤까지 남의 표에 작은 구멍을 낸다네. 그 구멍을 무려 몇천 개 몇만 개나 뚫었는지 헤아릴 수 없지. 하지만 어쨌든 남의 표의 남의 구멍.
>
> 나는 한 번이라도 좋으니 '내 구멍'이 갖고 싶었지.
>
> 그리고 어느 화창한 가을날에 나는 죽었네. 나를 위

---

*
Les Frères Jacques.
프랑스의 남성 사중창단.
인용한 곡은 「릴라의 열차 승무원Le poinçonneur des Lilas」.

해서 뚫린 첫 번째 구멍은 남의 구멍보다는 조금 컸지. 그것은 묘지 구덩이였어."

나는 이 샹송을 듣고 껄껄거리며 웃었는데, 그러나 현실에서는 웃을 수만은 없는 일이다. 왜냐하면 여기에서 구멍은 단순한 비유이고, 작사가는 시스템이 만들어내는 '인간 소외'에 대해 통렬히 항의하고 있기 때문이다. 학교를 나와 한 회사에 근무하다가, 무사히 정년까지 지내다 보면 '내 구멍'을 갖는 것에 나태해지기 쉽다. 안정적인 직업을 가진다는 것은 생활의 불안을 없애기는 하지만, 동시에 황홀함을 잃어버리게 만든다.

폴 베를렌의 시구 "선택받은 황홀감과 불안이 나에게 있으니"*는 평범한 화이트칼라의 직장인은 맛볼 수 없는 경지를 가리키고 있는 것이 아닐까.

회사와 집을 매일 왕복하는 직장인들은 자신이 가죽 가방을 들고 있다는 것을 특별히 의식하지 않는다.

그러나 어느 날 갑자기 전철에 가죽 가방을 놓고 왔다면, "아, 가죽 가방이 없네!"

---

*
프랑스 상징주의 시인 폴 베를렌의 시집 『예지Sagesse』에 등장하는 이 구절은, 다자이 오사무가 단편집 『만년晚年』의 「잎葉」에서 인용하기도 했다.

그제야 가죽 가방의 존재를 알아차린다.

마찬가지로 어느 날 갑자기 자기 자신을 잃어버리기라도 하지 않는 한, 자신의 존재를 깨닫지 못한다.

구청 같은 관공서에서는 대부분의 동료가 스테레오타입이 되어, 얼굴까지 모두 닮아간다. 그리고 아마 동료인데도 A라는 사람이 교통사고로 죽었을 때야 비로소 떠올린다.

"아, A라는 사람이 있었지."

그러나 이렇게 떠올려지는 과거형의 사람이 되는 것을 누가 바랄까.

나는 '떠오르는 사람'이 되기보다 '잊을 수 없는 사람'이 되어야 한다고 생각한다. 그리고 그것은 무엇보다도 항상 '나는 누구인가?'라는 것을 강하게 인식할 수 있는 청년만의 특권이라고 생각한다. 그러기 위해서는 뭔가 자기만이 할 수 있는 일을 찾아서, 자신의 존재 이유를 행위와 직결시켜야 할 것이다.

이치카와 곤市川崑 감독의 코미디 영화 〈만원 전차〉에 한 허무주의자가 등장한다. 그는 직장인인데 자신의 초봉이

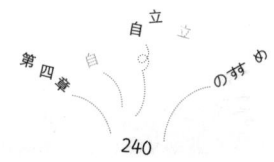

13,500엔이니 정기승급하면 오 년 후에는 얼마가 되고…, 그렇게 정년까지 자신의 수중에 들어올 금액을 전부 합쳐서 계산해본다. 그리고 자신이 평생 걸려 받을 월급의 총액이 유명 여배우가 영화 두세 편 출연하는 출연료보다 적다는 걸 알고 깜짝 놀란다. 그리고 일하기 싫어져서 허무주의자가 되어버린다. 분명 "기왕이면 큰 나무에 기대라"라는 말이 있기는 하지만 회사나 관공서의 벨트 컨베이어 시스템에서는 한 인간의 가치는 정말로 헐값이다.

그래서 필연적으로 '어느 날, 갑자기'라는 사상이 생긴다. 그렇다고 내가 어느 날 갑자기 은행을 털 계획을 추진하는 것은 아니다.

어느 날 갑자기 '나는 누구인가'라는 것을 깨닫기를 추천한다. 최근 미국에서는 평범한 중류층 가정의 남편이 '어느 날 갑자기' 가출하는 것이 유행하는데 중년이 된 뒤에는 늦는다.

중년이 된 후에는 충동적으로 가출하는 게 고작이다.

지금 가능한 한 빨리 '어느 날 갑자기' 이제까지의 자신의 인생 항로에서 (타인이 정한 항로에서) 탈선해야 한다.

학교 나온 지 십여 년
지금은 어엿한 공처가
술 먹고 들어가면 문도 안 열어주네
덧문에 대고 오만 번 절을 하네
— 고만부시五万節*

 이렇게 되고 나서는 늦는다. '어느 날, 갑자기' 마음이 동하면 가령 그것이 비합법적인 요트 세계횡단이든 뭐든 괜찮다. 그걸 실행한 행동 안에야말로 당신의 사는 보람과 충만감이 가득 찰 것이다.

개 귀신 빙의

 미신을 믿는가?
 미신 중에도 상당히 통쾌한 것들이 많다. 예를 들면 수험생들의 입시와 관련된 미신 중에는 '화장터의 연기를 쐬는 것'이 있다고 한다.

*
재즈밴드 하나하지메토크
레이지캣츠가 1961년
발매한 싱글곡. 발매
초기에 가사가 문제가 되어
방송 금지되었다.

그래서 입시 시즌이면 화장터 연기가 나부끼는 일대의 하숙집이 장사가 잘되고, 더구나 신기하게도 합격률이 높다고 하니 유쾌한 이야기이다.

수험생들이 남의 집 문패를 훔치면 합격한다는 미신도 있는데, 이 경우에는 문패를 문에서 떼려면 상당한 노력이 필요한 데다 발각되면 꼴이 별로 좋지 않다.

그에 비해 화장터 연기를 쐬는 것은 자신의 앞날을 죽은 자를 태우는 연기로 축복하는 것이니만큼, 뭔가 비장함조차 느껴진다.

나도 다시 대학 시험을 볼 기회가 있다면 꼭 그렇게 해보고 싶다.

그런데 현대에도 우리 주변에 살아 있는 미신이 상당히 많은 것 같다. 그리고 '태어난 띠로 사람의 성격을 점친다'거나 '궁합을 본다'거나, '길일을 택해 결혼한다'거나… 점, 불길한 예감, 운세 보기, 그리고 신흥 종교 등등… 미신이 생활에서 차지하는 부분이 적다고는 할 수 없다.

무슨 '미신' 따위를 믿느냐며 비웃는 사람들도 자크 페데*의 왕년의 명화 〈외인부대〉 마지막 장면에서 주인공이 여행

---

*
Jacques Feyder. 벨기에 출신의 프랑스 영화감독.

을 떠난 후에 점 보는 집시 여인이 들춘 카드가 스페이드 에이스*였을 때,

"아, 죽겠구나"

하고 생각했을 것이다.

그리고 많은 문학작품에서 불길한 장면에 까마귀가 나오는 것도 일종의 약속처럼 익숙해진 것 같다. 그런데 나는 주술, 점, 예언 같은 것을 아주 좋아한다. 그리고 그 때문에 일생을 허비한 남자의 이야기를 들으면 저절로 흥미가 솟아난다.

대체 미신이란 무엇인가? 사전을 찾아보자.

'미신…' (『일본어사전』, 가도카와판)

"과학적 근거가 없는 일을 믿는 것. 잘못된 믿음."(1961년판) 이 사전은 일문학자인 다케다 유키치와 히사마쓰 센이치가 편저한 것이다. 첫 부분 '과학적 근거가 없는 일을 믿는 것'이 만일 미신이라면, 모든 종교가 미신이라는 말이 되고 시의 세계나 여러 철학도 '미신'이 되는 셈이다.

그렇다면 미신도 의외로 괜찮은 거라는 생각이 들기 시

---

* 죽음의 카드.

작한다.

그러나 다음에 '잘못된 믿음'이라는 해석도 나온다. 이 부분이 좀 애매한데, '바른 믿음'은 미신이 아니라고 해석할 수도 있다. 즉 '바른' 것은 '과학적'이라는 말이 되는 셈이다.

그렇다면 선도 악도 도덕률도 모든 것이 다 미신이 아닌가 하는 생각이 들기 시작한다.

그런데 신무라 이즈루*가 편저(『고지엔廣辭苑』, 이와나미 판)를 하면 뉘앙스가 바뀐다.

즉, '미신'이라는 것은 "종교적 과학적 견지에서 보아, 미망迷妄이라 생각되는 신앙. 그 판정의 표준은 항상 상대적이며, 통상적으로 현대인의 이성적 판단으로 보아 불합리하다고 생각되는 저급한 민족 신앙, 점 등에 대해 말한다"라고 되어 있다. 여기에서는 '바른' 종교는 미신이 아니고 '현대인의 이성적 판단에서 보아 불합리하다고 생각되는' 것이 미신이라고 되어 있다.

후자에서는 과학보다도 양식이 중요한 셈이다. 그러나 이 미묘한 차이가 사실은 상당히 중요한 차이여서, 어떤 일

---

*
新村出. 일본의 언어학자.

이 미신이 될 수도 있고 아닐 수도 있다.

나는 모든 것이 합리화되어가는 풍조에 심하게 짜증을 느낄 때가 있다.

즉 마음속까지 과학적으로 구획되고 정리돼서, 과학만이 정의이고 다른 것을 미망이라고 여긴다면, 쓸쓸한 삶 속의 황홀감도 불안도 의미 없어질 것이다.

그래서 현대야말로 미신이 중요한 시대이며, 사람들이 주술에 열중해야 하는 시대가 아닐까 하는 생각조차 하게 된다. 그리고 자신이 하는 일이 '미신'이라는 것을 객관적으로 숙지하면서 동시에 인습이나 악습과 구분하여 미신을 사랑한다면, 거기서 인간 회복의 조짐을 발견할 수 있을 것 같은 느낌이 든다.

대장의 조건

노먼 메일러*가 재미있는 글을 썼다.

"남부를 아는 사람은 누구든 백인이 흑인의 성적 능력을

---

*
Norman Mailer. 미국의 소설가. 전쟁문학 작가로 유명하다.

두려워하고 있음을 알고 있다.

한편 흑인은 흑인대로 자신들에게는 아내를 빼앗기지 않을 힘이 없다는 고통스러운 상처를 짊어지고 증오를 쌓으며 점점 더 강력해졌다.

백인은 흑인이 이미 성적 우월성을 즐기고 있다고 느끼기 때문에, 심지어 학교 교실에서까지 평등해지는 건 참을 수 없다고 생각한다."(『나 자신을 위한 광고』)

성적 능력이 지배적 세력을 쟁취하기 위한 하나의 조건이라는 것은 명확한 사실이다.

내가 최근 재즈 카페에서 찰스 밍거스Charles Mingus의 「돼지가 부르는 블루스」를 듣고 있는 젊은이들을 볼 때마다 아쉽게 생각하는 것은 그들의 행동에 체계가 없다는 사실이 아니라 그들의 성적 능력에 체계가 없다는 사실이다.

즉 그들은 자신들이 살아야 할 시대에서 아무런 지배적 세력이 되지 못하고 있다. 그러나 그건 절대 있어서는 안 되는 일이 아닐까.

오늘날 우리가 사는 세상에서 정신적 우월성을 자랑하는

것은 주로 노인들이다. 그러나 이 사실은 지극히 당연한 일이고, 노인에게 우리가 기대할 수 있는 유일한 영역은 정신 영역이므로, 청년들이 도전했다가 패배하는 것은 어쩔 수 없는 일일지도 모른다.

오히려 문제는 오늘날 일본에서 성적 우월성을 자랑하는 것 역시 중년부터 노년에 걸친 세대라는 점이다.

그리고 그 사실이야말로 실은 놀라운 모순을 내포하고 있다. 우선 청년이 중년, 노년에게 성적인 예속을 강요받던 역사는 아마 현대의 일본 빼고는 달리 찾아볼 수 없을 것이다. 늠름한 내장기관과 부신호르몬을 가진 청년이 검버섯투성이에 잔돈푼을 가진 오십대 남자에게 애인을 빼앗겼다는 직장인들의 슬픈 이야기를 자주 듣는데, 이런 걸 보면 문제가 있는 것이다.

분명히 강장제나 호르몬제의 발달은 중년과 노년에 성적 르네상스를 가져왔지만, 그렇다고 그런 것이 이십대의 욕망, 환희, 경련을 웃도는 것은 물론 아니다. 그러면 대체 어째서 성적 지배력은 젊은이 손에서 노인들에게로 넘어가 버렸을까?

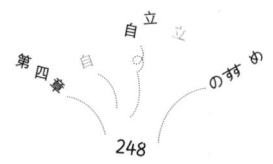

우리는 그 이유를 생각해볼 필요가 있다.

대개, 현대 일본 노인들은 '이젠 성적으로나 정신적으로 젊은이를 예속시켰기 때문에' 안심해서, 아무렇지 않게 같은 거실에서 평등하게 차를 마시고 젊은이와의 싸움도 피할 수 있는 것이다.

그래서 텔레비전이나 영화 같은 대리 경험의 세계에서 영웅은 언제나 청년들인데, 현실 사회에서는 청년에게 지배적인 힘이 생겨나지 않는 현상이 나타난다.

원래는 중년 노년의 남편들은 항상 자신의 젊은 아내나 세컨드들을 청년들에게 **빼앗길**까 두려운 나머지, 그에 대한 반동으로 더욱 청년몰이를 시작해야 한다. 그러나 현실에서는 그런 기운은 완전히 사라졌다.

일본 재즈 가수들의 폐활량도 아직 노인들을 두렵게 할 정도가 못 되고, 중량급 복서의 근육미도 노인들의 예전 무용담을 뛰어넘지 못한다.

게다가 무엇보다 그들의 성에 대한 철학은 지나치게 작고 소박한 것 같다.

나는 세대를 계급으로 생각하려는 것도 아니지만, 청년들만의 유토피아 같은 허황한 소리를 하는 것도 아니다. 다만 이런 성적인 주도권 정도는 자신들이 내세울 유일한 헌장憲章이라는 사실을 알지 못하는 한, 청년들의 주체적인 자아 형성은 불가능할 것이고, 모처럼 과도기에 접어든 도덕을 다시금 무덤으로 돌려보내는 것은 아닌지 경고하는 것이다.

 성적인 주도권의 회복! 그것만이 청년이 우월성을 가질 수 있는 영역이며, 노인들을 위협할 힘이 될 것이라는 사실을 알아야 한다. 이브 로베르Yves Robert의 영화 〈단추 전쟁〉에서 아이들이 이런 대화를 나눈다.

"누가 대장이 되는 거야?"
"고추가 제일 큰 놈이 되는 거야!"

자유다, 살려줘

 참는 것은 이제 질렸다.

뭐든 생각대로 해보려고 생각한다. 그리고 그게 가령 '자유'라는 이름으로 이루어지는 지옥 구경에 불과하다고 해도 그 나름대로 좋지 않을까.

먼저 모자를 제대로 쓰고 넥타이를 매고 천천히 꿈의 엘리베이터에 타라.

약속한 식당에서 돈가스 덮밥을 먹고 있는데, J가 다가왔다. J도 앉자마자 돈가스 덮밥을 주문했다. 나는 빠른 어조로 활기차게 말했다.

"실은 오늘 엄마를 죽이고 왔어."

J는 잠자코 덮밥 위에 있는 돈가스 튀김옷의 맛을 음미하고 있었다. "아파트 벽장에 시체를 밀어 넣고 왔는데. 그러니까 오늘은 여유 있게 놀아도 돼."

그러자 J는 자기가 선배라는 얼굴로,

"나는 말이지, 지난주에 아빠와 엄마를 모두 다 처리했어. 하도 설교를 해대서 말이야. 전기다리미로 정수리에 일격을 먹였지!"

그리고 두 사람은 얼굴을 마주 보고 웃으면서 돈가스 덮밥을 입이 미어지도록 먹었다. 날씨도 기가 막혔고, '자유'

도 손에 넣었다. 적어도 오늘부터는 아무리 오래 외출해 있어도 성가시게 할 사람이 없을 것이다.

"우리, 밥 먹고 어디로 가지?"

나는 J에게 물었다.

(그때 나는 J에게 일종의 친밀감, 같은 부모 살해자끼리의 친근함조차 느끼고 있었는데) 그러나 J는 돈가스 덮밥 위의 돈가스를 다 먹고 밥에 차를 부으면서 나를 빤히 쳐다보았다.

"내버려둬."

J는 말했다. "나한테 상관하지 말아줘."

"왜 그래?"

내가 물어보니 J는 대답했다.

"친해지는 건 질색이야.

친해지면 틀림없이 서로 부자유스러워질 거야."

부모를 죽이고 얻은 자유의 범위가 다른 연대를 방해할 만큼 작고 한정적이라면 J처럼 고독해질 수밖에 없는 걸까. J는 언제나 우에키 히토시植木等의 노래를 애창하고 있는데, 가사는 이렇다.

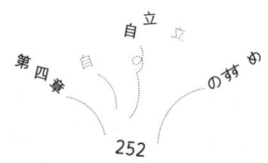

오는 길에 산 채소 절임으로
혼자 쓸쓸히 찬밥을 먹으면
오랜 충치가 다시 아프기 시작하네
이것이 남자가 사는 길
(외롭다)

J는 우울할지 몰라도 나는 아주 기분이 좋다. 예를 들면 나는 '자유롭다'라고 생각하기 시작한 후로, 나의 가능성이 확 넓어진 기분이 들었다. 나는 내 아파트를 나와서, 얼마 안 되는 물건(책장이랑 속옷류)을 넝마주이에게 팔아버린 순간, 심하게 부자가 된 것 같았다. 즉 '아무것도 갖고 있지 않아서 무엇이든 가진' 셈이랄까.

나의 집은 '도쿄' 그 자체이다. 지금까지 살던 아파트 하나보다 훨씬 집이 크고 풍요롭다. 레코드가 듣고 싶으면 지금까지는 갖고 있던 겨우 두 장밖에 없는 말 왈드론*과 에릭 돌피**를 다 닳을 때까지 들을 수밖에 없었지만, 이제부터는 거리의 레코드 가게가 전부 나의 레코드실로 바로 바뀔 수

---

*
Mal Waldron. 뉴욕 출신의 재즈 피아니스트, 작곡가. 하드 밥과 솔 재즈 연주자로 명성이 높았다.

**
Eric A. Dolphy. 미국의 재즈 작곡가. 클래식의 요소를 재즈에 사용하면서 재즈 연주자들에게 많은 영향을 주었다.

있다. 언제든 시청실에서 멍크나 찰스 밍거스를 들을 수 있는데, 심지어 공짜다.

내 재산을 보고 싶으면 백화점으로 간다. 백화점에 가면 뭐든 있다. 거기서 나는 자신의 소유물이 얼마나 많은지 자랑스럽게 (마치 솔로몬 대왕 같은 기분으로) 점검한다.

만일 사용하고 싶은 것이 있으면 그 자리에서 바로 사용할 수 있다.

식품 매장에서 빵을 가져와 가전제품 매장에서 토스터로 구워 먹는다. 그리고 '나만의 것'과 '자유'의 의미적 함수관계에 대해 고찰하는 것이다.

(물론 나는 단순히 기분 문제로서의 자유를 생각하는 것이 아니다. 모든 것이 허용되고 있으니까)

J는 일종의 고등수학 개념을 가졌다. 그것은 어린아이의 곤충채집 마니아적인 어두운 감각으로 점철되어 있다.

예를 들면 J는 틈만 나면 피아노를 연주한다. 그리고 자신이 치는 라흐마니노프의 피아노 콘체르토는 일본에서 최고라고 자부한다. 그러나 실제로 비평가들은 J보다도 훨씬 잘 치는 훌륭한 연주자로서 ABCD… 등을 꼽으면서 J의 연주는 서투르

다고 단정한다.

그렇다면 J는 어떻게 해야 할까?

(그는 최고라는 말을 좋아한다.)

그는 자신이 피아니스트인 A나 B를 추월할 만큼 수련을 쌓기보다, A나 B를 이 세상에서 말살해버리면 된다고 생각한다.

전국의 모든 피아니스트를 전부 살해하고 최고가 되겠다고 생각하는 건 쉬운 일이다. 그는 자신의 정장이 일본에서 최고이기를 바라며 모든 정장을 사들인다. 자신의 저택이 일본 최고이기를 바라며 모든 저택을 부순다.

그리고 무인도가 되어버린 세계에 홀로 살아남아 최고라는 이름의 '자유'에 도취된다.

그러나 '자유'와 '내일'이라는 말은 비슷해서, 그것을 현재형으로 손에 넣었다고 생각하는 건 착각이거나 죽음을 의미한다.

그래서 J에게는 언제나 현실감이 없다.

나는 나의 자유를 시험해보고 싶다. 예를 들어 하면 안 되는 일, 하면 안 되는 말이 실제로 얼마나 되는지에 대해 생각해본다.

금기라는 것은 의학적 문제가 아닌가.

이렇게 말한 건 대학생 K였다.

"그러니까, 뭔가를 말할 수 없다는 건 그 할 수 없는 말이 발성학적으로 너무 어려워서 목구멍이나 혀를 아무리 움직여도 소리가 나오지 않는 경우로 한정된다."

그 의견에 반대한 것은 만성 위궤양인 M이었다. M은 코맹맹이 소리로 말했다.

"너는 사회적 지각이 없어!"

"금기 같은 걸 의학적인 문제가 아니라고 생각하는 너는 자신이 사회적으로 자유롭지 못하다고 인정하는 거나 마찬가지야!"

"그럼 너는 말하기 쉬운 말이라면 뭐든 할 수 있어?"

"뭐든 할 수 있지!"

상황이 그렇게 돌아가서 K와 M은 긴자 거리로 나갔고, K는 산아이 드림센터 스카이라운지에서 긴자 전체에 울릴 듯한 큰소리로, "보지, 보지!"라며 절규했다. 그 풍부한 성량은 거의 델 모나코*처럼 음악적이기조차 했는데, M은 부들부들 떨면서 "그만해! 제발 그만하라고!"

하며 애원을 했다는 거다.

(물론 거리를 지나가던 사람들은 그 노래하는 듯한 어조가 저급한 성적인 용어인 줄은 생각도 못 했을 테니, 산아이에서 나온 신제품 여성복 이름 정도로만 생각했을 거라는 애기다.)

K와 나는 '자유'에 관해 서로 다른 사고방식을 갖고 있었다. 왜냐하면, K의 생각에 '자유'는 과학적 문제에 불과하기 때문이다.

나는 단게 사젠**이라는 남자가 상당히 '자유'로웠던 것 같다. 그는 의지가지없는 떠돌이 무사였지만 물건의 소유에 대해 일가견이 있었고, 우선, 사회와 서로 감시하는 관계를 맺지 않았으므로 아무런 속박도 받지 않았다. 반면 육체적으로는 다소 부자유스러웠다.**

부자유를 아는 자가 아니고서는 자유를 말할 수 없다. 단게 사젠이야말로 개인적(육체적) 부자유를, 사회적 자유의 획득

---

*
Mario Del Monaco.
이탈리아 오페라 가수.
20세기 가장 큰 성량을
가진 테너로 손꼽힌다.

**
신문연재 소설 수인공으로
가공의 검객. 영화화되기도
했다.

을 통해 극복했으므로 위대한 자유인인 것이다! 이렇게 내가 말하자 K는 웃으며 이러는 것이었다.

"두 팔로 여자도 안을 수 없는 사람이 어떻게 자유롭다는 거야!"

에리히 프롬*은 "자유는 심리학적 문제인가?"라며 우리에게 의문 부호를 던진다. 도피 본능과의 싸움 없이 자유를 말할 수 없다는 것이다.

실제로 도망치고 싶어 하는 사람이 많은 세상이 되었다고 나는 생각한다.

지하철에서 옆에 있던 남자에게 물어봤다. "오늘은 날이 맑을 것 같아요?"

그는 하늘이 보이지도 않는데 창밖을 잠깐 신경 쓰며 보는 척을 하더니 대답한다.

"일기예보에서는 맑을 거라고 했어요."

(즉 라디오 일기예보의 즉석 답변으로 자신의 대답을 회피해버린 것이다.)

---

*
Erich Fromm. 독일의 정신분석학자, 사회학자. 마르크스주의와 프로이트의 정신분석학을 결합해 현대를 분석했다.

나는 남자의 의견을 물어본 거지 라디오의 의견을 물었던 게 아니다. 화가 나서 박쥐우산으로 그를 찔러 죽였다.

대개 경마장에서 팁스터*에게 의견을 묻는 남자들도 모조리 다 도피자이다.

('어느 팁스터를 고르지?'라는 소소한 자유를 즐기기 위한 것이라 해도 비판적 사고를 할 자유의 범위가 너무 좁다.)

"센트라이트 기념경마는 아이테오일까 그레이트요르카일까? 아니, 어쩌면 페르소나가 좋을지도 모르겠어"라며 망설이다가 팁스터 주위에 끝물의 오이처럼 허약한 얼굴로 불안하게 모여드는 사람들을 보고 있으면, 스탠리 큐브릭의 〈킬링〉의 갱들처럼 기관총으로 다다다다다⋯ 일제 사격을 하고 싶어진다. 자유란 팁스터 살인의 사상이기도 하기 때문이다.

"당신은 도피의 사고를 경멸한다면서, 왜 자기 글에 남의 말을 인용하는 거지?
당신 역시 판단을 보류하는 비겁주의자가 아닌가?"

---

*
도박이나 경기 결과를
예상해서 정보를 파는
사람.

라는 것이 K의 의견이다.

나는 생각한다. '정말로 사람은 살기 위해 자유만을 추구하는 존재일까?'

※

'자유'가 항상 주체적으로 사는 것을 의미한다면, 인간은 많든 적든 자신의 존재가 역사 속에서 객체적 존재라는 사실을 인정할 수밖에 없을 것이다.

예를 들면 마키아벨리 같은 책략가조차도 자기의 육체적 조건에 대해서는 객체적 존재일 수밖에 없었다.

예전부터 "건강한 정신이 건강한 육체를 만든다"라는 속담은 없었고, 성형외과인 주진병원에 다녀오는 추녀들로부터도 정신적인 공약수는 도출되기 어려웠다.

그러나 "건강한 육체에는 건강한 정신이 깃든다"는 속담은 엄연히 존재했기에, 만일 '자유'가 심리학적 문제라면 주진병원이나 와다 시즈오*의 '텔레비전 보며 다이어트하기' 강좌도 인간의 자유를 깃들게 하는 데 일조했을지도 모르겠다.

---

*
和田靜郎. 일본의 미용
연구가.

내가 나온 학교는 필수과목이 없고, 전체 자유선택 방식을 취하고 있었다. 그래서 내가 선택한 '세계비행술'이나 '거짓말의 역사'나 '만화연구' '친자논쟁자료' '경마의 형이상학' 같은 과목은 다른 학교에 다니는 또래 학생이 선택한 '지구과학' '국어' '미분'과는 전혀 달랐다.

게다가 우리는 교사연구회라는 것을 만들어서 강의 중인 교수의 '설득력' '지도력' '선동 기술' 등에 관한 반응을 기록했고, 교수 측에서는 항상 불쾌감을 노골적으로 드러내며 우리와 대립했다. 우리는 자신감이 없는 교수는 필요 없다며 벌써 몇 명쯤 죽여버렸다.

일본에서는 초대 양공주인 요시와라의 오토키 씨 이래로, 오늘 신주쿠 하나조노초에서 지나가던 나에게 말을 건 모모 짱에 이르기까지 웃음을 파는 여자들이 하나같이 하는 '자유로워진다'라는 말은 곧 '…로부터 탈출한다'라는 의미를 나타낸다.

'××로부터 자유로워지고 싶다'라는 건 직장인들도 공통으로 '지금 일을 그만두고 자유로워지고 싶다'는 의미이다.

그러나 '자유'는 그런 멋있는 것만을 가리키는 것이 아니다. '××로부터 도망친다'는 건 원점으로 다시 돌아가는… 것이며, 요컨대 출발점으로 되돌아가는 일에 불과하다.

반면 '자유'는 원점보다 좌표축에서 더 위쪽에 있는 것으로, '어느 것을 선택할지 망설일 권리'와 '뜻대로 생리적으로 행동할 수 있는' 권리를 동시에 갖고 있다. '××할 권리'라는 말에서는 적어도 지금까지의 '자유관'을 바꾸어야 할 의미를 찾아내야 할 것이다.

나는 질이라는 개를 기르고 있다.(질은 브리지트 바르도의 영화 속 이름이다.) 질은 평소에는 사슬에 매여 있어서 행동반경이 한정되어 있기 때문에 거의 아무 데도 갈 수가 없다. 오로지 사슬 밖을 동경하는 마음뿐인데, '정 그러면' 나가라고 고쳐 생각하고 사슬을 풀어주어도 절대 해외여행도 가지 않고 멀리 외출도 하지 않는다. 다만 사슬로 매여 있었을 때보다 아주 조금쯤 에너지 넘치게 똑같은 곳을 뛰어다니기만 할 뿐이다.

처음에 나는 질이 약간 지능이 떨어지는 게 아닐까 걱정했지만, 결국은 얌전한 체제 순응형 개라는 것을 알고 실망했다. 그리고 (일본 청년 수준까지 우리 질을 끌어올려 비교할 수는 없으니, 청년들을 질의 위치로 끌어내려 비교해보고) 청년들

의 '자유'관도 질의 그것과 거의 비슷해서 아무런 새로운 비전을 갖고 있지 않다는 것을 느끼고는 한층 더 실망하게 되었다.

요즘 청년들은 '자유'에 전혀 관심이 없다. 그것이 지난 일 이 년간 상황이 정체된 이유인 것 같다.

자려고 찾아온 여대생 Y가 창가에 앉아서 이런 말을 했다. "노면 전차를 타려고 하는데, 보도에서 한 남자애가 노동자에게 맞아서 피투성이 되어 도와 달라고 외치는 거야."

"그랬어?!" 하고 말하면서 나는 침대 안에서 알몸으로 커피를 마시고 있었다.

"다들 보고도 못 본 척했고, 나도 모르는 척하며 전차를 타고 이리로 왔어."

안나 카레니나를 닮은 Y는 창가에서 일어나 커튼을 닫고, 상의부터 차례차례 벗기 시작했다. "그렇잖아, 괜히 얽히면 시간 낭비니까. …(청바지를 벗으면서) 죽는 사람은 어차피 죽잖아. …피해를 입고 있는 사람들한테 일일이 책임감을 느끼며 살아가려면 내 몸이 몇 개라도 못 견뎌낼 거야."

그리고 알몸이 되어 내 옆으로 굴러들어 왔다. "구해 달라는 소리는 하루에도 두세 번 정도는 어디서든 들려오지! 하지만 그중에 어느 쪽을 도와줄지 선택할 권리쯤은 있다고 생각해.

그게 자유라는 거야."

나는 Y의 따뜻한 피부를 손으로 쓸어보며, "내가 도와 달라는 소리도 들려?" 하고 물어보았다.

Y는 대답했다.

"들리니까 오늘도 찾아왔지.

이게 사랑이라는 거야."

그러나 나는 정사 후에 잠든 Y의 얼굴이 너무나도 안도감 넘치는 게 마음에 들지 않아서 Y를 죽여버렸다. 이번 달 들어 벌써 열한 명째다!

악당! 문제아! 도둑! 멍청이!

저들은 고지식한 어른들

아이 사냥을 하러 모였다

**아이는 말했다 이제 집은 싫어 혼나는 건 싫어
그러자 간수는 열쇠 꾸러미로 아이의 이를 부러뜨렸다
그러고 나서 시멘트 위에서 재웠다.**
— 자크 프레베르[*]

어른과 아이 사이의 '자유' 쟁탈전뿐만이 아니다. 지상은 끝도 없는 싸움 때문에 눈에 보이지 않는 피로 넘쳐난다.

그리고 사람들은 서로 직업, 취미, 빈부, 지능에 따라 차별하면서 점점 답답한 벽을 쌓고 있다.

이런 때에 반시대적으로 자신의 '자유'를 만들어내는 것에 도대체 어떤 의미가 있는지, 나는 확실히 알 수가 없다.

다만 분명한 것은 내 미래가 내 육체 안에 있다는 사실과 세계사는 내 혈관을 지나서 빠져나갈 때 비로소 분명한 의미를 갖는다는 사실이다.

자유는 이미 부자유의 반대말이 아니다.

---

[*] Jacques Prévert. 프랑스의 시인, 시나리오 작가.

[^*]: 『스튜던트 타임스Student Times』. 영어학습자를 위한 주간 신문.

   이 책의 초판이 나왔을 때 나는 겨우 스물일곱 살이었다.

   신문*에 연재했던 원고를 모아서 『가출 예찬家出のすすめ』으로 묶었는데, 담당 편집자가 너무 도발적이라며 『현대 청춘론』으로 제목을 바꾸었다. 하지만 독자들에게서 "가출 예찬을 읽었다"거나 "가출 예찬 출판사를 소개해 달라"는 문의가 와서, 우리는 이 책을 역시 '가출 예찬'으로 부르고 있었다.

   이 책을 낸 뒤로 갑자기 가출과 관련된 일이 많아졌다. 집을 나온 사람들이 찾아오는 일이 늘고, 그들이 내 집에 살고, 그러면서 '가출'은 언어 레벨에서 실천 레벨로 옮겨갔다. 나는 이어서 『다큐멘터리 가출』이라는 책을 편집했는데, 그 책의 차례는 이차세계대전 이후의 가요에서 볼 수 있는 가출의 역사, 가출 소녀와 아버지의 왕복 서한, 가출한 사람들의 좌담회, 실용적 가출 안내(도쿄 지도, 운세 보기, 직업 찾는 법과 싼 식당 안내, 탈것 일람), 가출 실천사의 수기 같은 것이었다.

후기

가출할게요, 어머니 5,000엔을 주세요. 돈 벌어서 선생님 코를 납작하게 만들 거예요.

너는, 너라는 아이는 얼마나 불효녀인지.
'5,000엔을 돈주머니에서 빼서 누렇게 바랜 종이를 접어 건넸지.' 그럼, 애야 조심해야 해. 너는 엄마를 닮아서 남자를 힘들게 할 테니까.
엄마는 걱정이란다.

하지만 엄마, 난 괜찮아. 식칼을 가져가거든.

그러냐. 그럼 다녀오거라. 좋은 놈을 데려오너라.

알았어, 그럼, 엄마, 가출할게요.

흠, 저 애도 참. 주먹밥 속에 ○○○○가 든 줄도 모르고.

*
柳田國男. 일본의 민속학자.
일본 전역을 다니며 민속,
전승 자료를 조사하여
민속학 확립에 힘썼다.

　　　　엄마, 갱년기장애가 있나 봐. 내가 술에 ○○○○ 넣
　　　고 온 줄도 모르고.

　　　　(이런 짓을! 빌어먹을)
　　　역시 독이 들었나 확인하길 잘했어.

　　　　(이년, 두고 보자. 윽)
　　　역시 먼저 맛은 봐야 해.

　　　원래 가출이란 엄마와의 투쟁입니다.

　이 무시무시한 시는 지바에 사는 기타가와 미요코라는 여고생이 쓴 것이다. 우리는 '가출연구회'를 통해, 모자 관계와 지역의 폐쇄성, 고향의 봉건성뿐만 아니라 가족제도의 이면에 찔린 야나기다 구니오*의 세계까지 기사를 타고 빠져나가, 민간에 전승되는 노래와 시를 매개로 우리 자신의 피를 검증하려고 시도했다. 이 책을 내면서, 다시 이 산문들이 삶을 시작할 제군들에게 밑그림이 될 것을 기대하

*
松永伍一. 일본의 시인.
약자에 대한 공감을
서정적으로 그린 시인으로
아동문학, 평론, 소설 등
다방면에 걸친 저술을
남겼다.

며, 탈출의 길잡이로 도움이 되기를 바란다.

편집을 담당해주신 스가야 미치코 씨에게 감사드린다. 아울러 항상 가출과 관련된 일에 협력해준 마쓰나가 고이치 씨,* 『다큐멘터리 가출』의 공편자인 우카이 마사히데 군, 그리고 가출한 전국 수천 명의 친구들에게 이 책을 바친다.

데라야마 슈지

데라야마 슈지寺山修司의 이 책을 처음 접하고 '파격'이라는 단어가 떠올랐다.

'파격'이란 사전적 의미로 '일정한 격식을 깨뜨리는 것'을 말한다. 데라야마 슈지는 틀에 갇히지 않은 자유로운 방식으로 자신의 생각을 풀어놓는다. 이 낯설고 불친절한 글은 읽는 이에게 수많은 물음표를 던진다. 번역자에게도 『가출 예찬』은 도전의 연속이었다. 파격적인 발상과 도발적인 표현 뒤에 숨은 진정한 메시지가 무엇인지 찾는 작업이 끊임없이 이어졌다. 매너리즘에 빠진 자신을 깨닫고, 이해하고 표현하는 번역 본연의 특질에 집중할 수 있었으니 번역자에게도 파격적인 작업이었던 셈이다.

이 책은 '가출 예찬' '악덕 예찬' '저항 예찬' '독립 예찬'으로 구성된 청춘론이다. 일반적인 청춘론은 으레 청춘의 현실을 위로하고 더 나은 미래를 향해 등댓불을 비춘다. 그러나 이 책은 미래가 아닌 청춘 자신의 내면에 스포트라이트

옮긴이의 말

를 갖다 댄다. 각자의 미래로 난 길은 내 안에 있음을 역설하는 것이다.

데라야마 슈지는 스스로 '내 직업은 데라야마 슈지'라고 할 정도로 다양한 분야에서 활동했다. 시인이자 평론가였고, 각본가이자 영화감독, 연출가, 사진가였다. 타고난 재능을 가지고 자신의 세계관을 펼치는 수단으로 여러 예술 장르를 활용한 영리한 천재라고 할 수 있다.

『가출 예찬』에서도 시, 구전 동요, 영화 등을 다양하게 인용한 대목에서 그가 얼마나 다방면에 해박한 지식을 가졌는지 알 수 있다. 그런 그가 '가출을 권하며(『가출 예찬』)' '책을 버리라(『책을 버리고 거리로 나가자』)'고 하는 이유는 무엇일까.

데라야마 슈지는 1935년 일본 아오모리현에서 태어났다. 이차세계대전으로 전사한 아버지, 어린 자신을 남겨두고 일하러 떠난 어머니… 이렇게 부모의 부재로 인한 어린 시절의 정신적 결핍은 그에게 평생 극복해야 할 숙제로 남앉을 것이다. 그는 작품 속에서 어머니를 부정적으로 그리며 그 결핍을 보상해간 것으로 보인다. 데라야마 슈지의 청년기는 일본의 고도 경제성장기여서, 농촌과 도시의 격차가 벌어지던 시대였다. 자신의 트라우마를 딛고 홀로서기를 해낸 그였기에, 청년들에게 개인을 속박하는 '집'이라는 봉건적 제도에 연연하지 말고, 또 '책'이라는 교과서적 규범에 안주하지 말고, 다음 단계로 나아가라고 조언하는 것은 당연한 일이었을 것이다.

그가 살던 20세기와 현재의 환경은 달라졌지만, 우리를 속박하는 것들은 여전하다. 양극화, 미래에 대한 불안 등 우리를 옴짝달싹 못 하게 묶어두고 한계를 미리 정해놓은 사회적 속박에서 벗어나 도덕과 부도덕, 선과 악까지도 스스로 판단하라는 그의 목소리는 유효하다. 허물을 벗고 나온 나비처럼, 알을 깨고 나온 병아리처럼, 독립적으로 일어설 수 있는 존재가 되기 위해서는 스스로 껍데기를 깨고 나와야 하는 것이다.

검도에서 수행 단계를 가리키는 말로 '수파리守破離'라는 것이 있다. '수'는 스승의 가르침을 충실히 따르고 확실히 익히는 단계다. '파'는 스승의 가르침의 틀을 깨고 한층 발전시키는 단계다. 마지막 '리'는 스승에게서 벗어나 독자적인 세계를 확립하는 단계를 말한다. 인간의 삶 역시 수행과 학습의 과정이라 생각한다면, 나의 보호막이자 속박이었던 껍데기를 깨고 나와 홀로 서는 것은 성숙의 과정이다.

데라야마 슈지의 『전원에서 죽다田園に死す』라는 시가집에 이런 글귀가 있다.

> 내 장래 희망은 권력가도 소시민도 아니었다. 영화 스타도 사회운동가도 직업 작가도 아니었다. 지구본을 보면서 나는 생각했다. 위대한 사상 같은 건 되지 않아도 좋으니 위대한 질문이 되고 싶다고.

그는 위대한 질문이 되었다. 그는 지금도 우리에게 영원히 바래지 않을 위대한 질문을 던진다. 당신은 진정 자신의 삶을 살고 있는가? 당신의 미래를 스스로 만들고 있는가?

이제 여러분이 틀을 깨고 나와 대답할 차례다.

2022년 7월
손정임

잘 쓴 글에 대한 정답을 머릿속에 넣고 살았었다. 시작은 어떻고, 마무리는 어때야 하며, 말하려는 의도가 명확하고, 주제의식이 글 전체를 관장하고, 군더더기 없이 깔끔해서 단어의 낭비도 없는, 똑같은 매뉴얼이 기저에 작동하고 있는 건지 의심스러울 정도로 단정한 글들. 그래서 읽고 나면 정말 잘 썼다는 감탄이 나온다. 첫 대목만 읽어도 느낌이 온다. 내 마음 한쪽이 따뜻해질 때도 있고 착한 사람이 된 것 같은 느낌을 선사하기도 한다. 고백하자면 그런 글들을 꽤 흠모하며 노트에 받아 적은 적도 있었다. 그것도 참 열심히. 그럼 그런 글은 좋은 글인가. 그런 글이 과연 좋은 문학인가. 언제부턴가 악취 나는 비릿함은 말살시키고, 머리와 꼬리는 쳐내 몸통만 딱 남겨놓은 듯한 글들이 어째 꼴 보기가 싫어졌다.

이 책에는 다양한 사람들의 글이 등장한다. 미야자와 겐지처럼 유명한 작가의 글도 있지만 데라야마 슈지가 인용하는 글 대부분은 가출 소녀의 편지, 자장가, 유행가, 화장

편집 후기

실의 낙서, 역 내에 붙어 있는 전단지 등이다. 이런 글을 "수준 미달이다, 아마추어적이다"라고 비난할 사람은 없을 것이다. 단지 매일 마주하지만 의식하지 않고 그냥 지나쳤거나 어쩌다 눈길이 갔어도 금방 잊힐 잡문…, 맞다. 데라야마 슈지는 그 앞에 멈춰 선다. 그다음 집요하게 파고든다. 문장 밑에 숨어 있는 사람과 일방적으로 토로하는 감정의 뒷면을 응시하는 그는 천생 시인이다.

데라야마 슈지의 『가출 예찬』 원고를 처음 만났을 때의 충격은 곧 잠잠해졌다. 결속되었던 가족의 의미는 해체되었고 집은 지겨워졌다. 그러고 났더니 내가 보였다. 따뜻한 아랫목에 발을 밀어넣고 당연하게 몸을 녹이고 있는 녀석. 때가 되면 밥 내놓아라, 반찬 내놓아라 요구하고, 전화기를 붙잡고 신세 한탄을 늘어놓는 얌체. 오래전 가출을 했다고 생각했는데 아니었다. 나는 여전히 그 집에 살고 있었다.

"가출하라."

이 책을 끝까지 읽은 사람이라면 너무 많이 들어서 지겨워졌으리라. 남은 건 실행이다. 난 마음의 준비가 되었다.

그럼 부모는 자식의 가출을 받아줄 준비가 되었는가? 데라야마의 엄마처럼 가위를 들고 자식에게 달려들며 "도망칠 거면 죽여버리겠다"고 말하는 부모는 제발 없기를. 나쁜 사람의 꾐에 빠져 우리 애를 망쳤다고 생각하지도 말라. 당신 자식은 어린 애가 아니다. 그만 버릴 때도 되었다. 자식한테 "고려장을 시켜버리겠다"는 소리를 듣기 전에 결단을 내리길 바란다.

미행에서 만든 책들

1	소설	마르셀 프루스트	최미경	**쾌락과 나날**
2	시	조르주 바타유	권지현	**아르캉젤리크**
3	소설	유리 올레샤	김성일	**리옴빠**
4	시	월리스 스티븐스	정하연	**하모니엄**
5	소설	나카지마 아쓰시	박은정	**빛과 바람과 꿈**
6	시	요제프 어틸러	진경애	**너무 아프다**
7	시	플로르벨라 이스팡카	김지은	**누구의 것도 아닌 나**
8	소설	카트린 퀴세	권지현	**데이비드 호크니의 인생**
9	르포	스티그 다게르만	이유진	**독일의 가을**
10	동화	거트루드 스타인	신혜빈	**세상은 둥글다**
11	산문	미시마 유키오	강방화·손정임	**문장독본**
12	소설	마르셀 프루스트	최미경	**익명의 발신인**
13	시	E. E. 커밍스	송혜리	**내 심장이 항상 열려 있기를**
14	시	E. E. 커밍스	송혜리	**세상이 더 푸르러진다면**
15	산문	데라야마 슈지	손정임	**가출 예찬**

한국 문학

1	시	김성호	**로로**

데라야마 슈지(寺山修司, 1935-1983)는 47세의 나이에 요절했지만 일본 문화예술계에 신화적인 존재로 군림하며 여전히 영향력을 행사하는 천재 예술가이다. 일본 아오모리현에서 태어났다. 시인, 수필가, 소설가, 평론가, 영화감독, 배우, 작사가, 사진가, 극작가, 연출가 등 다양한 예술 분야에서 활약했다. 와세다대학을 중퇴한 뒤 시인으로 등단했고, 1967년에 연극실험실을 표방한 극단 '덴조사지키天井棧敷'를 설립해 다수의 부조리극을 공연했다. 이후 '언어의 연금술사'라는 별명을 얻으며 많은 문학 작품을 발표했다. 독창적인 발상과 다방면의 재능을 발휘한 그는 신문, 라디오, 티브이 등 여러 매체에 등장하면서 1960년대 사회, 문화계의 오피니언 리더로서 활발히 활동했다. 전위적인 태도로 언제나 화제를 몰고 다닌 데라야마 슈지는 장르를 넘나들며 독자적인 예술세계를 구축한 예술가로 평가된다. 그의 고향 아오모리에는 '데라야마 슈지 기념관'이 건립되어 있다. 주요 저서로 『전원에서 죽다』 『책을 버리고 거리로 나가자』 외 다수가 있다.

데라야마 슈지의 집으로 가출 청소년들이 수시로 찾아오게 했으며 일본인들에게 집과 가족제도, 관습에 대해 화두를 던진 작품 『가출 예찬』은 해방과 전복이라는 데라야마 슈지의 세계관에 토대가 된 그의 대표작이다.

옮긴이 손정임은 이화여자대학교 통역번역대학원에서 석사 학위를 받고, 동 대학원 박사 과정을 수료했다. 옮긴 책으로 『신이 마련해 준 장소』 『혼자서도 할 수 있어』 『배웅불』 『긴 봄날의 짧은 글』 『영리』 『문장독본』 등이 있고, 공저로 『일본어 번역 스킬』이 있다.

가출 예찬

데라야마 슈지
손정임 옮김

초판 1쇄 발행 2022년 7월 20일
펴낸곳 미행
출판등록 제2020-000047호

전화 070-4045-7249
메일 mihaenghouse@gmail.com
인쇄 제책 영신사

ISBN 979-11-92004-08-2 03830

IEDE NO SUSUME ©Syuji Terayama, 2007
Korean Edition ©Mihaeng House, 2022

All rights reserved.

First published in Japan in 2007 by KADOKAWA CORPORATION, Tokyo. Korean translation rights arranged with KADOKAWA CORPORATION, Tokyo through Korea Copyright Center Inc.

이 책은 (주)한국저작권센터(KCC)를 통한 저작권자와의 독점계약으로 미행에서 출간되었습니다. 저작권법에 의해 한국 내에서 보호를 받는 저작물이므로 무단전재와 복제를 금합니다.